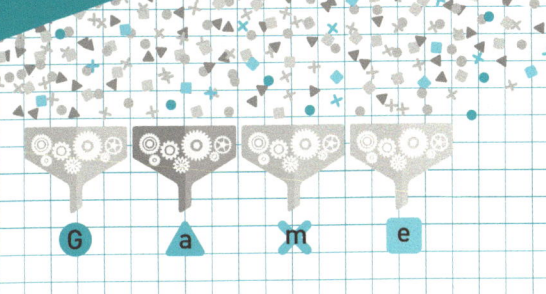

G a x e

게임의 미래
Gamification
여가와 산업을 넘어 문화와 예술로

게임의 미래
Gamification
여가와 산업을 넘어 문화와 예술로

게임의 미래

여가와 산업을 넘어 문화와 예술로

1판 1쇄 인쇄 2017년 8월 11일
1판 1쇄 발행 2017년 8월 18일

지은이 | 김정태
펴낸이 | 모흥숙
펴낸곳 | 상상채널
출판등록 | 제2011-0000009호

_이 책을 만든 사람들
편집 | 이경혜, 이지수
기획 | 박윤희, 박은성
그림 | 김병용

종이 | 제이피시
제작 | 현문인쇄

주소 | 서울시 용산구 한강대로 104 라길 3
전화 | 02-775-3241~4
팩스 | 02-775-3246
이메일 | naeha@unitel.co.kr
홈페이지 | http://www.naeha.co.kr

값 17,000원
ⓒ 김정태, 2017
ISBN 979-11-87510-05-5

이 도서의 국립중앙도서관 출판예정도서목록(CIP)은 서지정보유통지원시스템 홈페이지(http://seoji.nl.go.kr)와
국가자료공동목록시스템(http://www.nl.go.kr/kolisnet)에서 이용하실 수 있습니다.(CIP제어번호 : CIP2017021947)

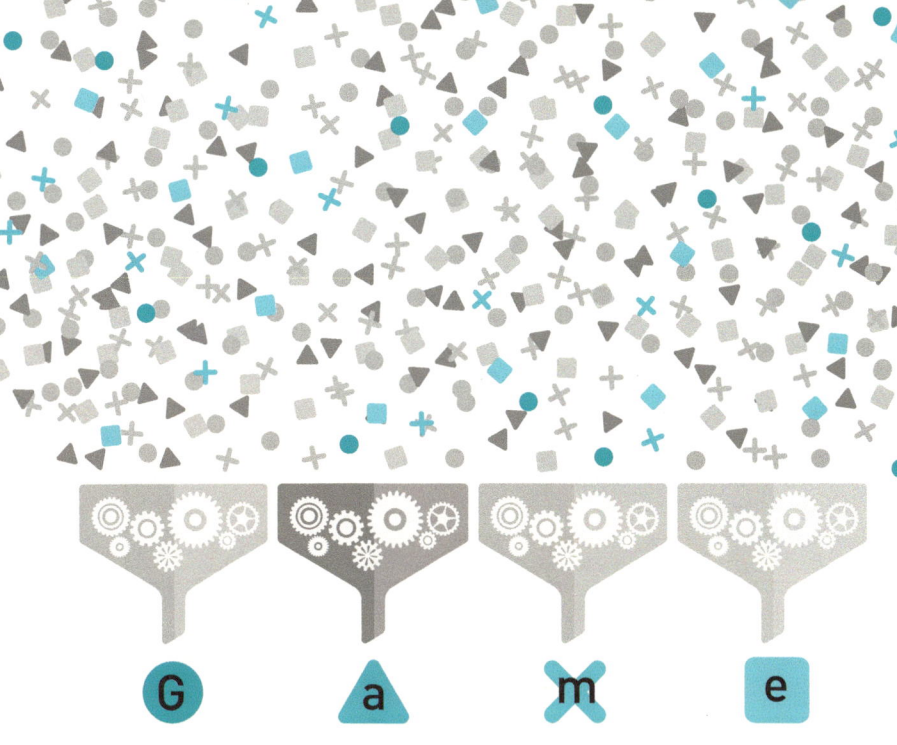

게임의 미래
Gamification
여가와 산업을 넘어 문화와 예술로

김정태 저

상상채널

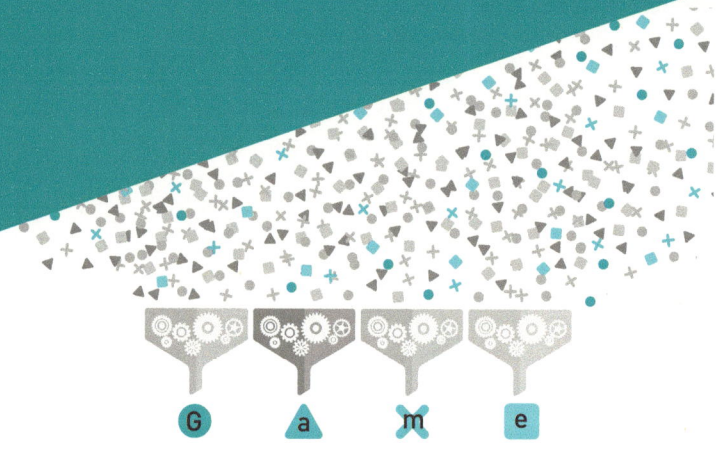

Gamification

이제는 '게임의 본질'에 접근할 때

★우리나라에서 일반인들이 생각하는 '게임'은 그저 '공부하기 싫은 아이들의 전유물' 정도로 치부되기 일쑤다. 좀 더 후하게 점수를 준다면 게임은 '여가활동' 중의 하나로 거명된다. 사실, 여가활동으로서의 '게임'이 감당하는 사회안전망 역할만으로도 상당하다. 청소년들의 '비행'을 막고, 최소의 비용으로 남녀노소의 무료함을 달래고, 노년층의 '치매' 지연에 일등공신이다. 이미 게임은, 일반인들이 생각하는 '여가' 이상의 존재로 자리매김했고, 역사를 알면 알수록 더욱 진지하게 받아들이게 될 것이 확실하다.

인류의 기원을 추적하다 보면, 게임은 인류문명과 함께 실존해왔다. 선사시대 이래 주요 문명의 발상지에서는 '게임'의 흔적들을 엿볼 수 있으며, 최근에는 1만년 가까이 된 '원시형태의 게임'도 발굴되었다. 게임(놀이)을 체계적으로 연구한 요한 후이징하는, 멀리는 원시시대 제례의식에서 그 기원을 찾을 수 있다고 주장하며, 근대 이전에는 삶의 모든 영역에 '게임(놀이)'의 요소가 녹아있다

★ 국회에서 2017년 7월 20일, 조승래 국회의원과 게임인들이 공동개최한 '새정부 게임생태계 상생발전을 위한게임정책 간담회' 자료집 중, 『게임생태계 상생발전을 위한 제언 /김정태』 중 일부를 재구성하였음.
http://dl.nanet.go.kr/SearchList.do?query=새정부%20게임정책&homepage SearchYn=Y

고 기술한 바도 있다.

이처럼, 서양의 게임연구자들의 부지런함 때문인지는 몰라도, 미국과 유럽에서 '게임'을 대하는 태도와 인식은 한국 보다는 훨씬 호의적이다. 서양인들이 말하는 게임은 '스포츠'를 포함한 놀이활동 일체를 지칭하는 긍정적 인식이 강하다. 물론, 그들도 폭력성 논쟁을 포함한 게임의 부정적 인식이 없었던 바는 아니나, 이미 수십 년간의 뜨거운 격론 끝에 2011년의 미국대법원 판결을 통해, 게임은 예술적 지위를 얻게 되었다. 경험의 법칙에 따르면, 결국 우리나라에서의 소모적 논쟁(셧다운제, 중독법 등)을 거쳐 '여가'로서의 게임을 넘어 그 다음 단계로의 인식의 전환은 필연적이다. 그 시간을 단축시키는 일은 우리 '게임인'들의 몫이다.

일반인들에게는 잘 알려지지 않았지만, 게임의 긍정적 인식 강화에 대한 노력은 꾸준히 진행되어 왔다. 기능성 게임(Serious Game)은 교육, 건강, 경영, 훈련, 시뮬레이션 등의 영역에 적용되어 가시적 성과를 보여주고 있다. 최근에 게임계의 화두인 '게이미피케이션(Gamification)★★'은 연대기적 게임의 본질에 더 가까이하는 사회적 가치에 중점을 두는 신개념이다. 게임의 본질(기본

★★ 게이미피케이션은 '게임의 요소들'을 게임이 아닌 맥락(Context)에 접목시켜 더 재밌게 참여시키는 개념이다. 게이미피케이션(Gamification)이라는 용어는 2011년 샌프란시스코에서 열린 'Gamification Summit'에서 큰 반향을 일으키기 시작하면서 게임학계에 먼저 알려진 용어로, 일반인에게는 비교적 생소하게 들릴지 모르는 '게이미피케이션'은 새로운 컨셉이 아니다.

이념과 체계)을 차용하고 있는 게이미피케이션은 '상호작용을 전제한 플레이어의 자발적 참여'가 골자다.

게이미피케이션은 인터넷 문화의 본질이 네티즌의 적극적 '참여'에 있음을 의미하는 '웹 개방성'과 궤를 같이 한다. 웹 개방성에서 비롯된 오픈 이노베이션(Open innovation)은 정치, 경제, 사회, 문화 등 전 분야의 상호작용적 소통이 핵심이므로, 이 쌍방향 소통의 가장 진화한 형태는 '게이미피케이션'인 셈이다. 당연히 게이미피케이션은 게임의 본질을 계승한다.

이제, 새정부에서야 말로 게임을 그저 아이들의 시간 때우기 쯤으로 인식하는 우리나라의 통념을 확 바꿀 절호의 기회다. 거창하게 기능성 게임이니 게이미피케이션이니 하는 학술용어보다는 게임적 사고(게임싱킹 혹은 게임씽킹, Game Thinking)를 사회 곳곳에 접목시켜, 게임이 가진 긍정의 에너지를 발산시킬 소소한 움직임을 실천하면 된다. MIT가 개발한 세계 최고의 코딩 프로그램 '스크래치(Scratch)'의 예제들의 상당수도 '게임'이다. 청소년 코딩 교육에 게임인들이 적극 나서는 것만으로도, 게임의 본질에 다가감과 동시에 게임의 긍정적 인식을 확산시킬 절호의 기회다.

이 책은 1990년대 중반부터 대기업 게임부서에 몸담았던 필자가, 2000년부터 최근까지 신문, 방송, 잡지에 기고한 칼럼들과 미공개 칼럼 등을 재구성하였다. 간혹, 시차에 따른 어울리지 않는 문맥이나 표현이 있을 수 있으니, 이를 헤아려 읽어 주길 당부드린다.

Contents

Game

Prologue : 이제는 '게임의 본질'에 접근할 때

게임과 산업

대한민국 게임산업 어디로 가는가? _003

게임은 한탕주의 산업이 아니다 _008

추측성 보도를 경계한다 _012

게임산업, 우리만의 개인기 절실 _015

'게임의 도(道)'— 지킬 건 지켜야 한다 _019

'게임산업'에서 번 돈, 어디다 쓰겠다는 것인가? _023

한국형 '포켓몬 고'를 꿈꾸며 _027

국내 게임업계 위기의 배경과 원인 진단&한국게임산업 경쟁력 강화 대안 모색 _035

게임, 산업 그 다음을 준비할 때 _048

문화와 예술로서의 게임

게임은 문화다 ; 우리가, 우리를 위해, 우리밖에 없다! _055

게임방송, 기대치 높다 _061

1백만 실업시대에 150억 원 게임행사? _065

지스타, 세계적 게임쇼로 키워야 _071

지스타 미국·중국에서도 개최해야 _077

게임인 대 영화인 _084

게임, 중독인가? 예술인가? _092

'게임인'들이여, 게임예술법 통과에 노력하자! _096

문화·예술이 어우러진 '게임거리' 조성 절실 _101

문화·예술로서의 게임 _106

정치와 게임생태계

셧다운제, 확률형아이템 문제 싹틔워 _113

'사이버 망명'을 바라보는 '게임인'의 시선 _125

대한민국 '게임인'은 '시지프스'인가?_130

게임인들의 정치세력화 필요 _133

게임인의, 게임인에 의한, 게임인을 위한 정치 _135

게임중독, 질병으로 관리−반대 _139

샤머니즘에 농락당한 게임계 _144

게임계와 문화계 블랙리스트 _149

지금은 게이미피케이션 시대

게이미피케이션에 주목해야 하는 이유 _157

커피 쿠폰부터 하이패스까지, 게이미피케이션은 이미 일상이다 _164

게임씽킹을 통해 인간 활동을 긍정화하는 게이미피케이션 _171

국제가전전시회(CES)서 발견한 '게임' 같은 세상 _180

게이미피케이션 : 미국을 플레이하다 _186

새정부 게임정책 방향

문재인 정부와 게임인들의 책무 _201

게임인들을 위한 평생학습교육센터 절실 _205

지속 가능한 게임 등 디지털콘텐츠 생태계를 위하여 _211

차기 정부 게임정책, 이렇게 바뀌어야… _220

게임인 주도 공개토론회 필요 _226

게임인이 원하는 주무부처? _230

새정부 게임정책 방향 : 게임정책, '산업'과 '여가' 그 다음을 고민할 때 _233

Epilogue : 게임생태계 상생발전을 위한 제언

Gamification

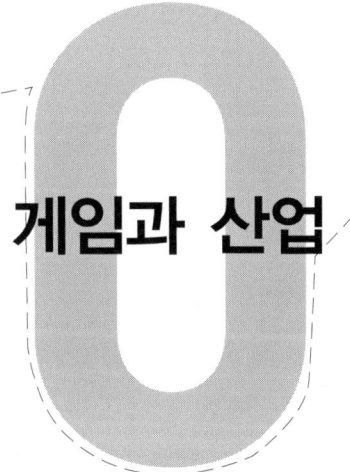

게임과 산업

대한민국 게임산업 어디로 가는가? | 게임은 한탕주의 산업이 아니다 | 추측성 보도를 경계한다
| 게임산업, 우리만의 개인기 절실 | '게임의 도(道)' - 지킬 건 지켜야 한다 | '게임산업'에서 번 돈, 어디다 쓰겠다는 것인가?
| 한국형 '포켓몬 고'를 꿈꾸며 | 국내 게임업계 위기의 배경과 원인 진단 & 한국게임산업 경쟁력 강화 대안 모색
| 게임, 산업 그 다음을 준비할 때

Gamification

대한민국 게임산업
어디로 가는가?[1]

일본 대중문화 3차 개방[2] 발표와 관련하여, 게임사업의 현황과 앞으로의 방향에 대해 고민할 시기인 듯하다.

게임산업이 가능성이 있는 장사(?)라 여기고 90년대 초반부터 SK와 쌍용을 필두로 다수 참여하였다. 『메가드라이브』, 『게임보이』, 『3DO』, 『새턴』 등 그 시대를 풍미했던 신개념의 게임아이템들은 속속 대기업들의 차별화 전략에 맞추기에 충분히 매력적이었다. 현대, LG, 삼성은 물론 중견기업인 다우기술, 미원정보통신 등까지 가세하면서 마치 금새라도 우리나라가 게임 최강국으로 자리잡을 듯한 기세였다.

그러나, 우리나라 게이머들의 상당수를 차지하는 비디오 게임기(특히 일본 게임)에 대한 빗장이 유난히 높은 우리나라에서는 기형적인 현상이

---

1) 게임조선의 2000년 06월 29일자 칼럼을 토대로, 일부 재구성하였음.
http://www.gamechosun.co.kr/article/view.php?no=1366

2) 일본대중문화 3차개방은 2000.6월부터 시작되어, 일본의 비디오게임 등 게임소프트웨어가 들어오게 되었다. 김대중 정부출범 후, 일본대중문화 개방이 순차적으로 이루어졌다. 1차 - 1998년 10월, 2차 - 1999년 9월, 4차 - 2004년 1월.

고착화되어 갈 수밖에 없었다. 그 결과 PC 게임 해외 판권 획득이 전쟁에 비유될 정도의 치열한 양상을 띠게 되었다.

일본 대중문화 개방추진 일지[3]

단계	기기	개방 내용
1차	1998.10.20.	❖영화·비디오 : 공동제작 영화, 한국영화에 일본배우 출연, 4대 국제영화제 수상작, 한·일 영화주간 상영작 ❖일본어판 만화와 만화잡지
2차	1999.9.10.	❖영화·비디오 : 국제영화제 수상작, '전체 관람가' 영화 (애니메이션 제외) ❖공연 : 2천석 이하 규모 실내장소의 대중가요 공연
3차	2000.6.27.	❖영화 및 비디오 : '12·15세 관람가' 영화 ❖극장용 애니메이션 : 국제영화제 수상작 ❖대중가요 공연 : 전면 개방 ❖음반 : 일본어 가창 제외 나머지 음반 ❖게임 : 게임기용 비디오 게임물 제외 나머지 게임물
4차 단계	2003.9.17.	❖영화 : '18세 관람가', '제한상영가' 영화 개방 ❖비디오 : 국내 미상영 일반 극영화와 극장용 애니메이션의 비디오, 성인용 에로비디오 등 전면개방 ❖대중가요, 일본어 가창음반, 게임기용 비디오 게임물 : 전면개방
	2003.12.30.	❖지사파방송 : 교양 프로그램, 국내 상영관 개봉영화 전면개방, 한·일 공동제작 드라마 개방, 오락프로그램은 보류, 일본가수 공연 중계 방영 및 일본가수의 국내방송 출연, 일본어 가창 뮤직비디오 방영 불허 ❖케이블 TV 및 위성방송 : 교양, 영화, 극장용 애니메이션, 일본어 가창 전면가방, 드라마는 모든 연령·7세 이상·12세 이상 시청가 등급 드라마와 한·일 공동제작 드라마 등 부분 개방

---

3) 자료출처 : 연합뉴스의 2003년 12월 30일자의 기사에서 인용

90년대 초만 해도 일본이나 미국의 PC 게임 판권을 따내는 데는 그다지 어렵지 않았지만, 이제는 복마전을 방불케 하는 물밑협상부터 돈 잔치까지 벌이고 있는 실정이다. 최근의 몇몇 초대작들은 그 로얄티만도 개당 일만 원을 훨씬 웃도는 수준이라니 정말 어처구니 없는 현상이 아닌가 싶다.

비단 해외 PC 게임 판권만 그런 게 아니다. 국내 게임개발사들의 경우 불과 1~2년 전에만 해도 DEMO 버전이나 베타버전을 들고 대기업이나 유통사를 찾아다니면서 세일즈하기에 열을 올렸다. 경우에 따라 몇 년간 만든 게임을 정식으로 출시도 못한 채 헐값에 넘겨야 하는 경우도 많았지만 지금은 상황이 많이 달라졌다.

일부 게임 개발사들의 경우 영화 제작에 맞먹는 개발비를 투자하는가 하면, 기획단계에서부터 외부자금을 유치하는 기이한 현상이 일어나고 있다. 개발능력을 확실히 검증할 길에 없는데도 불구하고 엄청난 액수의 개발자금을 끌어들이기도 한다. 또한, 해외의 유수한 인력들을 높은 몸값을 주고 채용하는 회사까지 생겨났다. 이 대목에서 수개월에서 1년 후의 결과가 기대되지 않을 수 없다.

한편, IMF 이후, 국내 게임업계에 특이한 현상들이 나타나고 있다. 인터넷 사업에 대한 환상이 깨지면서 '게임'이 그 스포트라이트를 이어 받은 것이다. 액면가 기준으로 몇 백배에 해당하는 액수의 공모가 이루어지고 수십 억 수백 억대의 투자 유치에 성공하는 스타기업이 등장하기에 이르렀다.

막대한 규모의 해외 자본의 힘을 빌어 국내의 유수한 게임 관련 업체들에게 투자하거나 인수하겠다는 회사들도 등장하고 있다. 척박한 국내 게임 시장을 일구기에 안간힘을 쓰던 게임회사들마저도 저마다 누가 얼마를 펀딩했다는 소리에 "그런 행운이 내게도 오지 않을까" 하는 기대에 사로잡혀 있다. 얼마만큼의 투자를 받았는가가 그 회사의 가치를 평가받는 가늠자 역할을 하는 데에서 오는 불안감도 게임업계 CEO들의 고민이 되고 있다.

고작 일년에 십여 개의 흥행성이 있는 PC 게임 타이틀이 출시되는 것이 게임시장의 현실이다. 인터넷 머그게임(MMORPG)이 성장가도를 달린다고 해서 언제까지 이어질지도 의문이다. 프로게이머가 직업으로 공식 인정을 받는 이 시점에서 너나없이 게임이 돈되는 사업으로 인식되고는 있지만, 이제 한 번쯤 근본적으로 게임산업에 대해 심각하게 고민을 하고 게임산업의 미래를 개척해 가야 한다.

한두 개의 대기업만이 게임사업의 명맥을 이어가는 걸 보면 게임 사업이 그렇게 장밋빛만은 아닐진대, 적극적이고 냉정한 자세로 우리나라 게임산업의 미래에 대한 심도 있는 고찰이 필요한 때다.

Commentary

원 글을 쓴 지 17년이 흘렀다. 전반적인 골격은 변한 게 없어 보인다. 허나, 2000년에 비해 게임산업에는 갖가지 규제들이 게임산업을 옥죄고 있다. 게임산업이 이렇게 공격받는 건, 뉴미디어에 대한 이해 부족으로 볼 수 있다. TV·영화가 처음 등장했을 때처럼 게임도 새로운 미디어가 겪는 과정을 거치고 있으니, 게임산업에 대한 편견도 시간이 지나면 사라질 테지만, 가만히 있을 순 없다.

이와 인식을 같이하여, 게임인들 수백 명에게 물어봤다. 답은 '게임산업 규제 완화와 게임의 인식개선'이다. 미래의 게임산업이 장밋빛으로 바꾸려면, 정부 당국은 현재 게임산업의 규제들을 면밀히 진단하고, 불필요한 셧다운제부터 과감히 철폐하면 어떨까?

Q. 게임 산업 육성을 위해 정부에 가장 바라는 점은

❶ ■ 적극적인 개발 자금 지원책

❷ ▨ 글로벌 진출 지원

❸ ▨ 사회적 인식 개선 노력

❹ ▨ 게임 과몰입 치유 센터 설립

❺ ▨ 각종 규제 완화

❻ ■ 외산 게임의 국내 유입 저지

❼ ▨ 게임 관련 교육 기관 설립 지원

❽ ▨ 기타

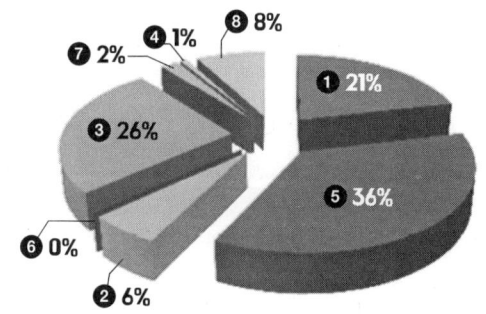

[게임인 769에게 묻다 : '대한민국 게임산업의 미래'를 위해 정부에 바라는 점[4]]

---

4) 자료출처 : 경향게임스의 2014년 12월 30일자 기사에서 인용

　　http://www.khgames.co.kr/news/articleView.html?idxno=77052

게임은 한탕주의 산업이 아니다[5]

Game

　　　　　　　　　　　게임은 서로 먼저 땅을 차지하는 깃발 꽂기 게임도 아니며 골드러시에 비견될 노다지 산업도 아니다. 결론부터 얘기하면 차근차근 시장을 키워가고 제품의 경쟁력을 가꿔가는 굴뚝 산업이라 볼 수 있다.

　하지만 요즘 게임 판에서 돌아가는 현상들을 바라보면 어찌된 일인지 본질은 사라지고 허황된 비전만 돌아다녀 자칫 빛좋은 개살구로 평가절하되지 않을까 하는 걱정이 밀려온다.

　이런 현상이 일어나는 이유 중 하나는 별다른 준비없이 무작정 게임 판에 참여하는 무모함을 들 수 있다. 온라인교육ー하드웨어유통ー디자인전문업체 등 심지어 스포츠회사까지 게임포탈서비스를 지향하며 엄청난 투자를 하고 있다. 뚜렷한 수익모델을 찾지 못하고 있는 닷컴기업에겐 게임이 만만히 보일 수 있다.

---

5)　게임조선의 2001년 01월 07일자 칼럼을 토대로 하여, 일부 재구성하였음.
　　http://www.gamechosun.co.kr/article/view.php?no=3977

하지만 결론은 "아니올시다."이다. 게임은 개발이나 유통-잡지 등 현재까지 형성된 사업군 가운데 만만한 것은 하나도 없다. 지금도 온라인 게임 개발이란 뒷 차를 탄 많은 닷컴기업들이 중도 포기하는 사례가 속속 발생하고 있는 것이 그 증거이다.

제2의 〈스타크래프트〉 대박을 위해 외국의 게임 유통사 문턱을 발이 닳도록 넘나들어도 쉽지 않은 것이 판권 유통 사업이다. 얼마 전 모 굴뚝기업 간부와 대화중 "그깟 중소기업이 게임 하나로 떼돈 벌었는데 우리 정도의 회사 브랜드로 추진하면 그냥 넘어오겠지"라면서 자신만만해 하는 모습을 보며 씁쓸했던 기억도 있다.

[인형 뽑기방 업주 1000여 명이 모여 생존권 보장 총궐기 대회 중이다[6]]

---

6) 사진출처 : 조선일보의 2017년 04월 14일자 기사에서 인용 http://news.chosun.com/
   site/data/html_dir/2017/04/14/2017041400164.html

올초 닷컴 열풍 이후 게임 관련 사업도 업종 세분화 및 다양화의 길을 걸었다. 세계에서 보기 드문 게임대회를 시작으로 전시-방송-인큐베이팅-출판사업 등 관련 종사자만 해도 몇 백 명을 넘긴다. 쉴새없이 늘어나는 게임 관련 단체와 프랜차이즈들, PC-펌프-DDR방-비디오 게임 전문 오락실이 등장하는가 하더니, 인형뽑기[7]에서 가재-금붕어뽑기 게임기까지 다양하다.

국내 게임 업계의 활성화에 대해서는 반론의 여지가 없다. 그러나 시장의 규모나 소구세력이 명확치 않는 상태에서 지나친 확대는 오히려 공멸을 불러올 수 있다는 점을 지적하고 싶다. 사업의 성공은 기발한 탁상의 이론과 필드의 묘한 흐름을 동시에 만족하는 욕심 많은 놈이기 때문이다.

이젠 게임업계 전체에 만연한 한탕주의에서 벗어나야 하며 경영진이나 직원들 모두 도덕성으로 재무장해야 한다. 국내외 대규모의 게임전시행사에서 참여했던 회사들은 홍보한 제품들을 서둘러 완성해야 하며 올해도 이런 축제 행사가 유지되도록 관심을 가져야 한다. 소비자들과 약속하였거나 언론에 공표한 부분에 대해서도 반드시 책임을 져야 한다.

제대로 된 게임 전문 인력의 양성도 시급하다. 결실 있는 게임 인재 육성을 위한 정부의 정책에 기대를 걸어보지만 아직까지는 신통치 않은 모양이다. 민간주도의 사설 게임학원과 대학별 게임학과도 늘어나는 추세이지만 뚜렷한 신념과 소신이 절실히 요구되는 시기이다. 이렇듯 게임 전문 인력에 관심을 가진 이상 가까운 미래에 게임산업을 책임지고 이끌 수 있는 인재 배출은 게임업계 공동의 당면 과제다.

---

7) 당시에도 '인형뽑기'가 상당한 인기였으니 유행은 반복되는 것 같기도 하다.

게임언론의 책임도 막중하다. 최근 쏟아져 나오고 있는 게임기자와 기사들이 다다익선은 아니다. 기자들의 전문성이 담보되어야 하며 막연히 부풀어진 홍보성 기사들은 과감히 쓰레기통으로 가야 한다. 독자들에게 알권리를 정확하게 전달하고, 그 내용에 대해 책임질 줄 아는 살아있는 기자정신이 절실하다.

우린 아직도 시작이다. 국내 게임산업은 이제 10년 남짓한 시간이 흘렀을 뿐이다. 단지 우리 기대치가 너무 갑자기 높아졌을 뿐이다. 너무 조급해 할 필요도 없다. 천천히 차근차근 가자.

추측성 보도를 경계한다[8]

Game

요즘 게임업계엔 수백 억대의 매출을 올리는 게임유통사 등장, 유통-개발-출판을 아우르는 게임 그룹 탄생, 게임의 코스닥 테마주 형성 등이 화두가 되고 있다. 어찌되었건 게임이 스포트라이트를 받는 것이 업계에 있는 한 사람으로선 고무적인 일이지만 짚고 넘어가야 할 문제도 없지 않다. 그 중 하나가 게임 관련 매체의 검증되지 않은 오보 내지 너무 앞서가는 추측성 기사가 난무하는 것이다.

게임을 뉴스원으로 취급하는 매체가 늘어가는 추세에 따라 "일단 터뜨리고 보자"는 식의 기사가 하루에도 몇 건씩이며 검증되지 않은 정보들이 쏟아져 나오고 있다. 일본 모회사의 게임기 총판을 국내의 모업체가 맡게 되었다는 소식이 한때 빅 뉴스로 떠들썩하게 했으나 취재원인 업체는 현재까지 공식적인 프레스 릴리스를 한 적이 없음을 강조하고 있다.

---

8) 게임조선의 2000년 07월 13일자 칼럼을 토대로 하여, 일부 재구성하였음.
http://www.gamechosun.co.kr/article/view.php?no=1645

또 정확한 실체도 밝혀지지 않은 게임기에 맞춰 호환되는 게임을 개발하고 있다던가 혹은 계약이 체결되기도 전에 언론 플레이를 먼저 하는 작전(?)의 일환도 있다. 취재원들로부터 접수된 보도자료를 일체의 확인 단계도 거치지 않고 액면 그대로 전하는 현상도 만연하며 남의 지적 재산인 '기사'까지 거리낌없이 가져다 쓰는 불법 행위들도 버젓이 자행되고 있다.

문제는 그로 인한 선량한 기업들의 이미지 타격이며 오보를 진짜로 믿는 독자들에 대한 모독이다. 홍보 담당자와 언론에 종사자들은 정확하고 제대로 된 정보를 제공해야 하며 두번 세번 사실을 확인하고 독자들에게 제공해야 할 막중한 임무를 가지고 있다. 돌다리도 두드려 보고 가야 하며 젊은 매체부터 '남비언론'의 근성을 버려야 한다.

칼럼후기

2000년 초는 〈스타크래프트〉에 이은 〈DDR〉의 성공 그리고, PC방 창업 열풍으로 대한민국의 게임산업은 상종가였기에, 당시 게임언론들의 '추측성' 보도에 대해 주의를 당부하는 취지의 글이다. 실은 문제의 심각성은 '일반' 언론에 더 있다.

일단, 강력사건이 터지면 '게임' 탓으로 돌리기에 급급한 정부당국 그리고 '일반' 언론사들. 어쩌면, 지금의 게임생태계의 위기의 원인에 '일반' 언론들도 자유롭지 못할 것이다. 게임을 '마녀'로 사냥하듯 취급하는 '일반' 언론들의 보도행태는 멈춰야 한다.

['일반' 언론들이 팩트가 확인 안 된 '게임중독' 관련 기사를 쏟아내고 있어 게임인들의 우려를 자아내고 있다[9]]

'일반' 언론들의 고충을 모르는 바 아니다. 소셜미디어(카카오톡, 트위터, 페이스북 등) 덕택(?)에 '일반' 언론사들의 주특기인 속보 경쟁에 있어 치명타를 입었다. 게다가, 수천 수만의 팔로워를 누리는 '능력자들'의 '화제거리' 생산력과 퀄리티는 웬만한 베테랑 기자를 뺨친다. 그렇다 보니, '일반' 언론들에게 '게임'은 만만한 사냥감일 터.

초고속 인터넷과 스마트모바일 기기(스마트폰과 태블릿)를 통한 무차별적인 '뉴미디어콘텐츠' 유통채널은 종래의 '종이 신문사들'과 'TV 방송사들'은 물론 '인터넷웹진'의 생태계를 교란시킨 지 오래다. 대부분의 언론사들 마저 심각한 경영난을 겪고 있으니, 기자들의 처우가 예전에 비해 갈수록 열악해지고 있다.

그럼에도, 언론인의 대부분은 호구지책만으로서가 아닌 '사명감'으로 하루하루를 살아가고 있음을 아는 이는 다 안다. '일반' 언론의 '게임'을 먹잇감으로 삼는 자극적 기사생산은 멈출 때이다. 당연히, '게임' 언론도 팩트체크 안 된 추측성 보도는 더 이상은 곤란하다.

---

9) 사진출처 : 매경게임진의 2014년 4월 14일자 기사에서 인용
   http://game.mk.co.kr/news/articleView.html?idxno=201400583703

게임산업,
우리만의 개인기 절실[10]

각종 TV 토크쇼에서 연예인들의 '개인기'가 화두다. 가수나 탤런트는 본업보다는 개인기 연마에 더 비중을 두는 스타도 있다고 하니 열풍이라 할 만하다. 개인기는 스포츠에서 주로 사용되었지만 이제는 학교는 물론 직장까지 퍼져있어 대인 관계와 분위기 조성에 꽤 쓸모있는 도구로 자리잡은 셈이다.

개인기에 대한 찬반양론을 얘기하자는 것은 아니다. 하지만 이젠 게임업계에도 우리만의 개인기가 절실히 요구되는 시점이 아닌가 말하고 싶다. 그도 그럴 것이 신년 벽두에 우리를 긴장시키는 일련의 사건과 조류가 심상치 않기 때문이다.

사건 하나. 게임계에선 대마불사(大馬不死)의 신화가 깨졌다. 희대를 풍미했던 '세가'란 백전노장의 은퇴선고가 있었던 지난 1월 말, 게임업계에

---

10) 게임조선의 2001년 02월 04일자 칼럼을 토대로하여, 일부 재구성하였음.
http://www.gamechosun.co.kr/article/view.php?no=4367

는 유난히도 설왕설래가 많았다. 곧이어 이 거봉이 내세운 청사진은 바로 이 '개인기'와 직결된다.

가정용 게임기 생산 중단 선언에 이은 '콘텐츠 사업 특화'를 내세운 '세가'의 와신상담이 바로 그것이다. 세계 최강의 '콘텐츠 프로바이더'로서 입지를 굳히기 위한 멀티플랫폼 전략이 그것인데, 휴대전화, PDA 등 모바일 콘텐츠 개발과 닌텐도, 소니의 게임기에 자사의 게임을 제공해 가겠다는 포부다. 한 마디로 생존을 위한 적과의 동침을 선언한 것이다. 좀 더 냉정하게 분석하면 잘할 수 있는 개인기에 역량을 집중시키자는 변신구도다.

사건 둘. 해외 주요 게임 직배사의 국내 대거입성이다. 그 동안 대작을 잡기위한 해외 퍼블리셔들과의 눈물어린 구애도 이제는 종지부를 찍을 시점이 다가왔다. 이미 정착하여 개인기를 유감없이 발휘한 EA 코리아, MS 코리아를 필두로 세계 게임시장을 '쥐락펴락'하는 인터플레이, 인포그램이 금방이라도 그들만의 개인기를 공개하겠다고 벼르고 있다.

감마니아코리아, 코에이코리아, 한국후지쯔, TGL, 소프트월드코리아 (사업철수) 등 비교적 초기 입성한 해외 퍼블리셔들에 비해 영향력은 훨씬 클 전망이다. 그들이 가동할 자체 유통 채널 확보 계획은 국내 유통업체들에게 위협요소를 주기에 충분하다. 그밖에도 'UBI', '액티비전'은 물론 '하바스'의 국내 입성도 점쳐지는 상황이고 보면 '유통 게임대첩' 조짐에 우리나라의 게임유통사업은 그야말로 총체적 위기에 직면하게 되는 셈이다.

이런 엄청난 변화와 함께 일본 비디오 게임기 시장의 빗장이 풀리기 시작했다. 유독 일본어 표기에 대해서 강경입장을 보이던 관계당국도 이제는 어느 정도 수용하는 입장이다. 전면적인 수입물 개방과 때를 같이 하는 상황에서 이는 상당히 고무적인 일이 아닐 수 없다.

허나 아직까지는 일본 게임개발사에 비해 개인기가 허약하기 짝이 없는 우리나라 게임 개발사의 미래는 참담할 수도 있음을 명심하자. 특히, 온라인게임 쪽에서의 개인기를 게임 산업 전반에 거쳐서 확대 해석하려는 태도는 분명 경계하여야 한다.

이런 상황에서 우리나라의 게임업계는 분명 누구도 따라올 수 없는 '개인기'를 만들어가야 한다. 과연 우리의 게임개발의 '코드'는 무엇인가? 극심한 장르 편식, 철학 없는 게임 개발에 돈따라, 유행따라 옮겨다니는 개발자들.

또 게임유통은 어떤가. 불법복제가 판을치고 무자료 거래에 저가형 쥬얼 게임이 난무하고, 몇 개월도 지나지 않은 신작게임이 번들로 쏟아져 나오고……. 이런 건 개인기가 아니며 허약한 유통 인프라를 보여주는 사례일 뿐이다.

물론 밤낮없이 불밝히는 개발사가 대부분이고, 게임 판매망 확립에 수많은 노력을 기울이는 유통사들이 저마다 고군분투하고 있는 줄로 안다. 초유의 PC방 게임 인프라를 만들어 냈던 저력으로 미뤄볼 때 우리 토양에 맞는 게임개발과 유통의 제대로된 '마이웨이 개인기'를 발휘할 수 있다.

우리도 이제 하나 둘 믿음직한 대작들의 등장이 그나마 안심되기도 한다. 하지만 따지고 보면 '〈창세기전〉 시리즈'나 〈리니지〉, 〈포트리스2〉 등의 게임들은 엄연히 해외게임에 원형이 존재한다는 사실을 간과해서는 안 된다. 몇 년간 〈스타크래프트〉나 〈리니지〉류의 게임 개발에 수억원을 날린 개발사가 허다하다. 그런 면에서 〈하얀마음 백구〉나 〈쿠키샵〉, 〈액시스〉 같은 니치(Niche)를 공략한 게임들의 선전에 박수를 보낸다.

칼럼후기

2017년 현재 시점에서 개인기가 돋보이는 게임은 우리나라의 '블루홀'의 〈배틀그라운드〉이다. 부분유료화 일색인 한국게임시장에서, 〈배틀그라운드〉는 'PC 패키지게임' 판매방식으로 흥행을 이어가고 있다.

게임의 도(道)
– 지킬 건 지켜야 한다[11]

'재물은 평등하기가 물과 같고, 사람은 바르기가 저울과 같다'
재상평여수 인중직사형 [財上平如水 人中直似衡]

　　　　　'어리석은 재산가는 물처럼 평등한 재물에 의해 비극을 맞을 것이며, 저울과 같이 바르고 정직하지 못한 재산가는 언젠가는 반드시 그 재물에 의해서 파멸을 맞는다'는 의미다. 최인호의 장편소설 '상도(商道)'의 주인공이며 200여 년 전 실재했던 거상 임상옥(林尙沃)의 유언이다. 아무리 하찮은 상업에도 도가 있다는 의미며 거상일수록 정도를 걸어야 한다는 의미일 게다.

　지난해 〈A게임〉의 표절시비로 시작된 저작권 관련 사건들이 최근 인기 온라인 게임 〈B게임〉이 법정에 서게 될지 모르는 어처구니 없는 사태까지 번지게 되었다. 두 사건은 표면적으로 무관한 듯하나 '저작권 문제'라는 연결고리가 있으며 어떻게 관전해야 하는 고민해결의 키워드가 바로 '상도'가 아닌가 싶다.

---

11) 게임조선의 2001년 03월 04일자 칼럼을 토대로 하여, 일부 재구성하였음.
　http://www.gamechosun.co.kr/webzine/article/view.php?no=4800

과연 〈B게임〉이 법정에 서면 어떤 결과가 나올까? 결과를 논하기 전에 짚고 넘어가야 할 중요한 사실이 있다. 그것은 저작권에 대한 이해의 부족과 원저작물 존중을 등한히 한 결과의 소치며 문화 후진국의 단면을 알린 사건이란 사실이다. 양쪽의 논리는 나름대로 설득력을 가지고 있다. 하지만 거꾸로 생각하면 저작권 문제에 좀더 치밀했으면 발생하기 어려운 아주 간단한 사건이란 점이다.

〈B게임〉이 너무 유명해진 탓이라고 웃어넘길 수도 없다. 이 사건은 쌍방의 문제만이 아니라 무수히 많은 이용자들과 우리 게임산업을 바라보는 해외의 많은 눈들에 '이해하기 힘든 사건'으로 비춰질 수 있기 때문이다.

지금은 '마주달리는 열차 경쟁'서 잠시 숨고르기 하면서 상호 한발 물러서 '상도'를 생각할 때이다.

〈A게임〉의 경우도 마찬가지. 외주 제작된 디자인 물들의 검수에 좀 더 신중한 태도를 기울였다면 애초에 발생하지도 않았을 일이었다. 외주 제작자들도 명심할 것은 도둑질에 가까운 '베끼기'는 더 이상 용납될 수 없는 죄악이란 사실이다. 타인의 창작물 특히 유명인의 창작물들을 아무 거리낌 없이 차용하는 악습은 더 이상 되풀이되어선 안될 일이다. 뼈를 깎는 창작행위를 인정하고 그에 대한 존경과 대가를 치르는 것이야 말로 개발자의 '도(道)'이다.

하물며 게임 유통사와 소비자 간 '상도'는 더할 나위없이 중요한 덕목이다. 그런데도 끊이지 않는 소비자들의 유통사에 대한 불만이 이제는 도를 넘는 수위에 도달했다.

〈디아블로2〉 발매 이후 유통사는 결자해지(結者解之)의 도를 따르지 않아 소비자들의 원성이 높다. 발매된 지 반년이 넘도록 해결되지 않는 배틀넷 서비스 미비로 소비자들이 단체행동까지 돌입했다. 이른바 겜소모(게임 소비자 연대모임)는 배틀넷 서비스 개선을 위해 유통사측에 여러 차례 공식입장을 전달했지만 번번히 불성실한 답변에 흥분을 감추지 못하고 있는 실정이다. 어렵게 얻은 판권인 만큼 유통사는 소비자들의 요청에 귀담아 들을 줄 아는 상도가 절실히 요구되는 대목이다.

얼마 전엔 빗나간 상도의 결과가 글로벌 마케팅까지 영향을 미칠 수 있다는 해프닝도 벌어졌다. 세계 3대 게임쇼 중 하나인 '도쿄게임쇼'의 주최협회(CESA)의 '한국 아케이드 게임 전시 참여 불허'는 한마디로 쇼킹한 사건이다. 작년 아케이드 게임쇼 '잠마(JAMMA)'에서도 표절을 이유로 국산 아케이드 게임이 출품 거부당했던 사실과 맥락을 같이한다는 해석이 지배적이다.

국내 관련 단체 및 당국은 애써 수습하려 했지만 일련의 수치스러운 결과에 대해 명쾌한 해결책을 내놓기에는 역부족인 듯하다. 비디오 게임쇼에 아케이드 업체 참여는 당연히 불참통보가 가능하지만 정통한 소식통에 의하면 일본 게임업계에선 한국의 불법 카피 시장에 대응해야 한다는 여론이 비등하며 이번 사건도 그런 여론의 영향이 있기 때문이다.

이 같은 저작권 문제, 소비자와 유통사의 갈등, 일본 게임쇼 전시 참여 불허 등 사안을 들여다보면 가장 기본적인 문제가 '도'의 결여다. 그야말로 온데간데없는 '상도'가 사건들의 핵이란 뜻이다.

저작권은 창작활동에 있어 가장 존중되어야 할 지적 자산이다. 그리고 개발자들은 진정한 개발의 도를 스스로 지켜야 한다. 마지막으로 '상도'를 아는 유통사는 소비자들과의 약속을 어떠한 일이 있더라도 어겨서는 안 된다.

'게임산업'에서 번 돈, 어디다 쓰겠다는 것인가?[12]

최근 1세대 성공한 '게임인'들이 주축이 된 벤처기업인들의 '벤처자선(Venture Philanthropy)'이라는 새로운 형식의 노블리스 오블리제가 장안의 화제다.

김범수 다음카카오 이사회 의장과 김정주 NXC 대표, 김택진 엔씨소프트 대표, 이재웅 다음커뮤니케이션 창업자, 이해진 네이버 의장 등 5인이다. 아직 산업적으로 대우를 받지 못하는 '미생(未生)'의 게임업계에서 '완생(完生)'한 5인방의 '자선'은 주목할 만하다.

'벤처자선'은 국내에서 처음있는 시도라 우리나라 일반인들에게는 생소할 수 있다. 이전부터 마이크로소프트의 창업자, 이베이 창업자, 알리바바 창업자 등 성공한 IT 기업인들의 사회 참여활동 중이다. '벤처자선'은 성공한 벤처기업인들이 벤처의 투자원칙과 방식에 따라 펼치는 사회참여 활동으로, 대개 재정상태가 열악한 사회단체나 비영리기구 등

---

12) 더게임스의 2014.12.08. 일자 칼럼을 토대로하여, 일부 재구성하였음.
   http://www.thegames.co.kr/news/articleView.html?idxno=180185

을 지원한다.

이들 5명의 성공한 기업인들은 '벤처자선' 기금을 조성하고, 창의성과 도전정신으로 사회 변화를 이끌어 내는 과학인과 기업·단체를 후원하기 위해서 회사명도 'C프로그램'[13]으로 정했다고 알려졌다.

그런데, 1990년대 중후반 20대 후반의 나이로 창업한 이들 5인방이야 말로 벤처자선의 핵심인 '창의성'과 '도전정신'을 겸비한 '창조경제 형' 인재들이 아니었을까? 돌이켜보면 이 5인방들의 '게임'과의 인연은 불가 분의 관계다.

우선, 김정주, 김택진 대표는 각각 1996년부터 서비스가 시작된 최초의 온라인 게임 〈바람의 나라〉와 20년 롱런하고 있는 최고의 온라인 게임 〈리니지〉로 큰 성공을 거둔 가장 성공한 게임업계의 '쌍두마차'다. 당시 국내에서 'PC 패키지 게임'이 산업으로 겨우 기지개를 펼 즈음에 '온라인 게임'이라는 불모지나 다름없는 전혀 새로운 시장에 출사표를 던져 지금의 성공을 거머쥐었다.

뿐만아니라, 김범수, 이해진, 이재웅 등 3인도 '게임'을 떠나서는 생각할 수 없다. 쟁쟁한 글로벌 기업들의 인터넷 포털과 검색엔진 쟁탈전에 '국내 토종' 인터넷 포털과 검색엔진 서비스로 도전장을 내고 명실상부한 최고의 기업들을 일구어냈다. 2000년 초 검색엔진들의 춘추전국시대에 '네이버(당시 이해진 대표)'를 '천하통일'시킨 촉매제는 국민게임포털 '한게임(당시 김범수 대표)'이었다.

---

13) 벤처자선 회사 'C프로그램'은 창의성(Creativity)·도전(Challenge)·변화(Change)·협동(Collaboration) 을 뜻하는 영어의 첫 글자에서 따왔으며, '환경·과학·교육·어린이의 놀이' 등 다양한 주제로 투자 대상을 검토하고 있다고 밝혔다.

변변한 매출이 없던 '카카오톡(김범수 의장)'이 엄청난 매출을 확보하게된 것은 '게임'을 만나면서부터다. 이제는 '게임퍼블리싱플랫폼'으로 확실한 캐시카우를 탑재한 '카카오톡'은 한 때 최고의 포털회사였던 '다음커뮤니케이션(창업자 이재웅)'을 인수하여 '다음카카오' 통합법인을 출범하기에 이른다. 이런 성공의 견인차 역할의 중심에는 '게임'이었다는 것을 부인하기 어렵다.

C프로그램 출범 이전에도 이 성공한 벤처기업인들 제각각은 박물관, 도서관, 소셜벤처, 글로벌 펀드 등에도 직간접적으로 투자해 오고 있어 우리 벤처생태계에 귀감이 되어 왔던 것도 사실이다. 다만 아쉬운 점은 후배 게임인들과 대한민국 게임산업에 대한 직접적인 '지원' 언급이 없었다는 점이다. '게임'을 '중독물질'로 몰면서 '게임산업'을 규제에 혈안이 되어있는 현 정권하에서는 부담을 가질 수도 있다.

그래서인지, 'C프로그램'의 첫 투자 대상은 NGO 단체인 '내셔널지오그래픽 소사이어티'의 '아시아기금' 설립에 5년간 총 500만 달러(약 55억원)을 지원할 것으로 알려졌다. 이 NGO 단체를 벤처자선 1호로 삼은 것은 명분상 창의성과 도전정신으로 사회 변화를 이끌어 내는 '과학인·기업·단체나 환경운동가 등'을 지원하겠다는 취지일 것이다.

그렇다면, 과연 벤처자선의 투자대상인 '창의성'과 '도전정신'을 사회 변화를 이끄는 '과학인·기업·단체'의 범주가 어디일까? 우선, '창의성'과 '도전정신'에 제일 부합하는 분야는 '게임산업'이라는 것은 본인들이 입증해 오고 있다. 게다가, '사회 변화를 이끄는' 핵심연구 분야로는, 세계적인 글로벌 기업들이 앞다투어 도입하고 있는 '게임적 사고(Game thinking)'를 적극 활용한 '게임화(Gamification)'를 위시한 심층적인 '게임학 연구(Game Studies)'가 진행 중이다.

이렇게되면, '게임연구자'와 '게임인 협단체'야말로 C프로그램의 최적임 수혜자가 되어야 하는 것이 아닐까? 수없이 많은 땀과 피눈물을 흘려온 '게임인'들의 희생 위에 오늘날 대한민국 게임산업 생태계가 형성되었던 점을 간과해서는 안될 것이다. 실력있는 '게임연구자'들의 발굴지원이 시급하다. 대한민국 게임산업을 위해 불철주야 뛰고 있는 '게임인 협단체'들이 오늘도 경영난에 허덕이고 있다.

주지하다시피, 현 정부의 위정자들이 '게임중독법'을 위시한 각종 게임규제법안들을 줄줄이 발의하면서 자신들의 이권챙기기에 골몰하고 있는 사이, 뼈를 깎아 쌓아올린 '대한민국의 게임산업' 기반이 중국에게 통째로 넘어가고 있다. 한술 더 떠, 게임의 뇌과학적 규명이라는 미명하에, 게임이 '중독물질'인지를 규명하기 위해 현 정부는 수백억 원의 혈세를 쏟아붓고 있다.

이렇듯, 5인방들의 '친정집'격인 '게임업계'는 지금 내우외환에 심각한 동맥경화까지 겹친 형국이다. 그런마당에, 명분찾기에만 급급하여 정부의 눈치만 보고 있다가는 '친정집'이 완전히 폐허가 될 운명에 처할 수 있다. 범세계적 차원에서 국제 NGO 단체에 '벤처자선'하는 것도 좋지만, 친정집인 '게임생태계'를 위해 진지하게 고민하고 아낌없는 지원이 필요하다. 자칫, 돌아가 맘편히 쉴 수 있는 친정집이 사라지는 비극을 맞지 않기 위해서는 말이다.

지금이야말로 '완생(完生)'한 5인방들이 하루하루 견디기 겨우 살아가는 '미생(未生)'의 '게임인'과 '게임생태계'을 위한 진정한 '벤처자선'이 필요한 때가 아닐까?

한국형 '포켓몬 고(Go)'를 꿈꾸며[14]

Game

　　　　　　　전세계가 성공한 최초의 증강현실(Augmented Reality, AR)게임 〈포켓몬 고(Pokemon Go)〉로 들썩일 때, 세계 최초의 온라인 그래픽 머그(MUG, Multi-User Graphic)게임으로 인정받는 〈바람의 나라〉의 수장은 일선에서 물러났다. 공교롭게도 〈포켓몬(Poketmon)〉이 처음 일본에서 게임으로 등장한 1996년에, 한국에서는 〈바람의 나라〉가 MMORPG(다중 접속 온라인 롤플레잉 게임)로 서비스가 시작되었다.

　〈포켓몬〉이 20년 스테디셀러 지적자산(Intellectual Property, IP)으로서 다양한 플랫폼으로 변신하며 사랑을 받는 동안, 〈바람의 나라〉의 개발사 넥슨은 20년간 사업 모델을 고도화하며 끊임없이 서비스를 지속해왔다. 이 '고도화'의 과정에서 '각고의 노력'에 대해 일부 공감할 순 있겠지만, 검사장부터 정부 최고위급에까지 연루된 의혹에 대해 필요한 부분은 확실히 매듭지고 전화위복으로 삼아 환골탈태해야 함은 물론이다.

---

14) 더게임스의 2016년 07월 26일자 칼럼을 토대로 하여, 일부 재구성하였음.

　　http://www.thegames.co.kr/news/articleView.html?idxno=191142

20살 동갑내기 '포켓몬'이 잠재운 '바람의 나라'

　20년 동안 닌텐도의 〈포켓몬〉과 넥슨의 〈바람의 나라〉는 닮은 듯하지만 차이점이 많다. 〈포켓몬〉은 1996년 게임으로 처음 등장한 후 만화, 영화, 뮤지컬 등으로 재탄생하면서 어린이 뿐만 아니라 성인들까지 팬덤이 형성되었다. 1992년, 작가 김진에 의해 연재가 시작된 만화 〈바람의 나라〉는 게임(1996), 뮤지컬(2001), 소설(2004), 드라마(2008) 등으로 각색되었으나 세간의 관심은 단연 '게임'이다.

　포켓몬컴퍼니 발표에 따르면 1996년부터 2016년 5월까지 〈포켓몬〉의 세계 시장 총 규모는 53조 원(4조 8천억 엔)라고 한다. 〈바람의 나라〉의 누적매출의 대부분을 게임이 차지하며 천 억대(넥슨 미공개)로 추정되어, 매출 규모만 보더라도 〈포켓몬〉의 압승이다.

[포켓몬 고(Go)의 플레이 화면[15]]

---

15) 사진출처 : 뉴스핌의 2016년 7월 18일자 기사에서 인용
　　http://www.newspim.com/news/view/20160718000180

왜 '크리에이티브 코리아'를 표방하는 우리나라에선 아직 〈포켓몬 고〉 같은 글로벌 메가히트작이 나올 수 없었을까? 왜, 20년지기 〈바람의 나라〉는 〈포켓몬 고〉가 될 수 없었을까? 혹자는 우리 같은 '창의한국'에서는 절대로 〈포켓몬 고〉가 나올 수 없다고 자학하며, 한국 문화콘텐츠 산업은 조만간 아포칼립스(Apoclayps, 종말)를 맞이할 거라며 자조한다. 아이러니 하게도, 동갑내기 〈포켓몬〉은 글로벌 센세이션을 불러일으킬 즈음, 〈바람의 나라〉 게임서비스 20주년 기념식은 본사 수장의 검찰조사로 '소박'하다못해 '조용'히 지나갔다. 어찌보면, '창의'적인 각종 게임규제를 차치하고라도, 세계 최초 온라인게임을 20년간 서비스해온 게임사 수장을 '탈탈'터는 분위기에서 정말 〈한국판 포켓몬 고〉는 물 건너갈 수밖에 없을지도 모르겠다.

한국형 〈포켓몬 고(Go)〉를 꿈꾸며

그렇다고, 매번 문화 침공에 속수무책으로 당하기만 할 것인가? 알파고와 포켓몬 고 이후에 또 다른 킬러 콘텐츠, 특히 게임 분야에서는 계속 될 것이 자명하다. 인공지능(AI)을 내세운 〈알파고〉에 이어 증강현실(AR) 기술을 탑재한 〈포켓몬 고〉가 나왔으니, 바로 다음은 홀로그램(Hologram)이나 홀로렌즈(Hololens)가 부상하거나 가상현실(VR)과 로봇틱스(Robotics) 그리고 빅테이터(BigData)의 조합도 가능하다.

또한, 온라인과 오프라인을 연결하는 O2O(offline to online)을 위시하여 웨어러블(Wearables)과 사물인터넷(IoT) 등의 피지컬컴퓨팅

(Physical Computing)의 융합이든 그 '무엇(〈포스트 포켓몬 고〉 혹은 〈한국형 포켓몬 고〉)'이 될 수도 있다. 한술 더 떠 AI와 AR이 융합된 가칭 〈알파포켓몬 고〉가 나오는 것도 시간문제 일 수 있다(알파고와 포켓몬고 제작에 구글 자회사들이 참여함). 그렇다면 우리가 〈포스트 포켓몬 고〉를 창작해내기 위해서는 무엇을 해야 할까? 〈한국형 포켓몬 고〉를 위해 무슨 준비를 해야 하나?

우선, 무차별 정보와 선무당을 경계해야 한다. 〈포켓몬 고〉 열풍처럼 세간의 주목을 받는 이벤트가 발생하면, 언론사와 개인은 물론 전문가(선무당도 많다)들은 저마다 무차별적으로 '정보'를 뿜어내고, SNS를 통해 확산된다. SNS상에서 일부 가공되어 다시 재귀적으로 언론 기사화되고 또다시 SNS로 전파되는 무한루프 양상으로 반복된다.

이 와중에 언론사는 '전문가'의 검증이 필요하고, 전문가는 '스피커' 앞에 나선다. 문제는 이들의 공생관계를 파고들어 '기생'하려 드는 '선무당'들의 출현이다. 뜬금없이 나타나 전문가를 자처하는 선무당들이 세간의 전략적 판단을 흐린다. 수십~수백 억이면 구현 가능하다거나 별 기술이 아니라는 '희망고문'을 하는 반면에, 우리는 절대로 못한다는 회의적 '장광설'을 늘어 논다.

걱정스러운 것은 이러한 희망고문(긍정론)과 장광설(비관론)이 고스란히 정부부처나 지자체 혹은 민간부문 담당관들에 의해 본인들의 입맛에 맞게 재단되어 '정책'으로 둔갑되기 일쑤다. 진정한 전문가라면 불확실하거나 자신 없는 발언은 자제해야 할 것이며, 제대로 된 언론이라면 사실관계의 확인이 그 어느 때보다 중한 이유다. 창조경제 실현을 위해서도 20년 온라인 게임 노하우를 보유한 넥슨을 벼랑 끝으로 몰아서는 안 되며, 언론이나 정책 담당자들은 선무당들과 굿판을 벌여서는 안 된다.

확실하며 제대로 된 '정보'를 바탕으로, 우리 현실을 직시하고 그에 맞는 전략수립이 필요하다. 표면상으로 포켓몬 고는 나이앤틱(Niantic)과 포켓몬컴퍼니(The Pocketmon Company), 닌텐도(Nintendo) 3사의 공동제작 형태다. 그러나, 나이앤틱이 구글의 자회사이고, 포켓몬컴퍼니 지분의 상당부분을 닌텐도가 보유하고 있다. 이렇게 되면 〈포켓몬 고〉는 결국 세계최고의 IT기업 '구글'과 120년 게임역사를 지닌 닌텐도의 '콜라보'다.

우리도 그쯤은 할 수 있는 자신감을 가지는 것은 좋지만, 자칫 과욕을 부리다가는 〈명텐도〉가 용두사미로 끝났듯, 한국형 '알파고'가 우왕좌왕 하듯 〈한국형 포켓몬〉도 그러할 것이다. 우리 실력과 환경 안에서 해결 가능한 기술과 콘텐츠 제작에 집중해야 하며, 향후 월드 클래스로 확대 서비스하는 것이 바람직하다. 이 과정에서 정부당국과 충분한 교감을 통해 규제해제나 자금지원을 요청할 수 있겠지만, 지금은 클래스가 다름을 인정하고 철저한 분석과 진단을 통한 수행 가능한 전략 수립이 먼저다.

차이를 인정하고 철저한 분석과 진단 후에는, 기다림의 미덕이 필요하다. 〈포켓몬 고〉 광풍이 불자, 정부나 민간차원에서 모두 IP가 중하다느니, LBS(위치기반서비스)기술이 핵심이라느니, VR(가상현실)보다는 AR(증강현실)에 집중해야 하느니 하면서 과거의 AR 프로젝트를 들춰내고 있다. 2009년에 이미 상용화 기술이 확보되어 어린이용 교재에 초보적인 AR이 적용되었고, 문화부 산하기관(Kocca)에서 AR 기술 연구

프로젝트를 추진했으며, 2011년에는 굴지의 통신기업도 AR 기술을 적용해 스마트 폰에서 몬스터 사냥을 구현한 바 있다.

그러나 정부차원에서 투자 대비 유의미한 결과를 찾을 수 없어 연구를 중단하였거나, 민간차원에서 매출부진과 마케팅 효과 부족을 이유로 들어 서비스를 중단한 바 있다. 그러나 일부 뚝심있는 게임사들과 통신사들 및 게임연구자들은 몇 해 전부터 차분히 준비해 왔을 터, 끈기있게 기다리면서 응원을 보내자.

끈기있는 기다림의 과정이 지속되는 동안, 확실한 지원 아니면 끼어들지 말자. 〈포켓몬 고〉 열풍에 대해 "이제까지 구글이 AR 분야 투자에 30조원을 퍼부어 왔다"는 네이버 의장의 발언에도 귀 기울여야 한다. 일견 글로벌 IT 기업들의 장기적 투자를 강조하는 듯하지만, 투자의 '확률게임'적 속성에 대한 고심을 읽을 수 있다. 다시 말해, 잘 되면 성공할 수 있지만 실패할 수도 있으니, 정부에서 투자할 거면 확실히 해 달라는 말로 해석할 수 있다.

정부에서 지원을 할 요량이면 생색내기식의 전시행정 수준이 아닌, 10년을 내다보는 중장기 지원이 아니면 얼씬하지 않는 게 상책이다. 기술에 자신있고 사업성 있다면 메이저 게임사들이 움직이지 않을 리 없다. 우물에서 숭늉 찾을 필요도 없고 훈수를 둬서는 더더욱 안 될 일이다. 〈포켓몬 고〉 바람에 선심쓰듯 던지는 몇천만 원 내지 1,2억 원짜리 정부 신기술(AR) 과제는 자칫 생태계만 교란시킬 뿐이다.

기왕 지원하기로 마음먹었다면 우선 수도권 우수대학 내 '게임학과' (신설) 지원이나 '게임연구자' 지원 프로그램 같은 장기지원책이 마땅하다. 정책입안자들이 좋아하는 미국의 경우, 남가주대학교(USC), 카네기

멜론대학(CMU), UCLA, MIT, NYU 등의 명문대학에 게임전공이 있으니 〈포켓몬 고〉도 나오는 것이다. AR 분야 아니 게임 분야 만큼은 어설픈 지원은 사양한다.

이제야말로, 게임인(개발자)들의 자존감 회복이 시급하다. 〈포켓몬 고〉의 총괄 아트디렉터가 한국계 출신으로, AR 환경에서 포켓몬의 개성을 살리면서 플레이어의 몰입도를 높이는 작업을 주도한 것으로 밝혀져 화제다. 이번 포켓몬 고의 급부상으로 AR 기술이 순식간에 부각되었고, 2020년 AR 시장 규모는 1천 200억 달러(약 137조 원)로 300억 달러(약 34조 원)의 VR 시장 규모의 4배가 넘는 수치로 성장할 것이라는 전망자료를 인용하기에 분주하다. 이제까지 국내에서는 VR 위주의 육성방향을 밝히며 창조경제의 역점사업으로 추진 중이었지만, 조만간 정부부처나 지자체의 관련 부서에서 전문가를 불러 AR 기술 자문회의니 토론회 준비로 바삐 움직일 게다.

정부의 어설픈 육성책이 '창의성'을 저해할 수 있다. 한국 개발자들의 열정과 능력은 〈포켓몬 고〉 개발자들과 견주어 손색없다. 괜히 정부에서 나서 〈한국형 포켓몬 고〉를 만들겠다고 호들갑 떨지 마라. 우리 게임인이 할 수 있는 것은 알아서 할 테니, 방해만 하지 말라. 일각에서는 넥슨을 필두로 한 게임사 손보기가 시작한 것 아니냐는 우려도 크다. 자칫 이번 넥슨게이트 여파로, 온라인 게임 종주국의 위상 추락은 물론 20년간의 노하우가 송두리째 사라질까 걱정이다. 절실한 것은 셧다운제 폐지를 필두로, 지속적으로 게임의 부정적 인식을 일소하고 IT 융합의 꽃 '게임'의 위상 높이기다. 〈한국형 포켓몬 고〉 출현을 위해 정부가 앞장서서 할 일은 바로 '게임인'들의 자존감 회복이다.

마지막으로, 정부당국의 의욕만 앞선 〈한국형 포켓몬 고〉의 얼토당토않은 무리한 추진보다는, '게임 규제 프리존'을 지정하여 〈바람의 나라〉같은 게임들이 30주년 40주년 연속서비스 될 수 있도록 '게임 창작 환경'을 보장해 주길 당부한다. 그러면 우리 한국의 게임인들은 〈포켓몬 고〉보다 훨씬 뛰어난 창작물로 보답할 수 있을 거라 확신한다. 정치권이나 법조계 그리고 게임 규제 따위에 신경쓰지 않은 채, 넥슨을 필두로 한 국내 유수의 게임사들이 20년간 축적된 온라인 게임개발 및 서비스 노하우를 집중할 게임 창작 환경만 조성된다면, 지금의 〈포켓몬 고〉를 뛰어넘는 〈한국형 포켓몬 고〉에 한 걸음 더 빨리 다갈 수 있을 것이다.

KBS ⊚ 공감토론

국내 게임업계 위기의 배경과
원인 진단&한국게임산업 경쟁력
강화 대안 모색[16]

● KBS 공감토론 - 진행자

모바일게임 〈포켓몬 고〉가 전 세계적인 인기를 누리고 있고 국내에서
도 그 열풍이 거세다. 여기에 더해 〈오버워치〉, 또 〈리그 오브 레전드〉까
지 외산 온라인게임 공세가 이어지며 국내 게임산업이 위기에 직면했다
는 지적이 나오고 있다. 지난 90년대 말 〈바람의 나라〉, 〈리니지〉 흥행
이후 본격적으로 성장해온 한국의 게임업계는 그동안 자체개발 게임으
로 내수시장을 지켜왔지만, 해외게임과 국산게임의 격차가 나날이 벌어
지고 있어 게임업계를 둘러싼 각종 규제개혁과 혁신의 목소리가 높아지
고 있다. 이에 따라 정부 차원의 게임진흥책도 나오기 시작했다. 문화체

---

16) 『KBS공감토론』의 2016년 7월 29일자 방송분 중, 필자의 발언을 중심으로 재구성하
　　였음. [토론 전문보기 404번] http://www.kbs.co.kr/radio/1radio/debate/notice/index.
　　html

육관광부는 오는 2019년까지 국내 게임시장 규모를 13조 원으로 확대하고 수출규모도 40억 달러로 늘리겠다는 내용의 게임산업진흥 중장기 계획을 내놨다. 지난 7월 18일에는 여러 부처가 함께 게임문화진흥계획을 추진한다고 발표했다. 그러나 정부 주도정책이 얼마나 효과를 낼지 회의적인 목소리가 나오는 가운데 업계의 노력 없이는 게임강국의 신화가 하루아침에 무너질 수 있다는 우려를 낳고 있다. KBS『공감토론』에서는 한국게임산업의 현황을 진단하고 산업진흥을 위한 과제 등 게임산업 발전의 해법을 찾아보고자 한다.

KBS 공감토론 | '포켓몬 고' 열풍

우선, 지난 두어 주 동안 한국 또 세계 모두가 〈포켓몬 고〉 이야기로 들끓었다. 우리나라에서 유일하게 속초에서 된다고 그래서 속초 가는 버스표가 매진되었다. 속초 시장실까지 포켓몬이 나타났다. 또 미국에서는 미시간주에서 지명수배자가 포켓몬을 잡느라고 제발로 경찰서에 들어갔다. 이런 일까지 생겼다고 하니까 참 소동이라고 할 수밖에 없겠는데, 우선 이게 어떤 게임인지 많이들 들으셨을 텐데 내용을 소개해 주시고, 왜 이렇게 재밌는 건지도 얘기해 주시면 좋을 것 같다. 우선 김정태 교수님께서 소개 부탁드린다.

김정태 교수 : 포켓몬 세대들이 아들과 딸들과 함께 플레이하는 〈포켓몬 고〉는 성공한 최초의 증강현실게임이다. 〈포켓몬 고〉는 스마트폰

을 이용을 해서 수백 종류의 몬스터를 수집하고 진화시켜 성장시키는 게임이다. 지역기반(LBS)의 게임으로, 신기술에 관심많은 젊은 청소년들에게 큰 인기다. 이 게임은 화면에 등장하는 대략 150종 정도의 포켓몬[17]들이 등장하는데, 스마트폰 상에서 앱을 다운받은 후 특정지역에 가면 그 몬스터들의 이미지들이 화면에 나타난다. 플레이어의 모습도 아바타로 나타나며 이동하면서 몬스터를 잡는 방식이다.

이번에 제가 속초의 엑스포 공원에 다녀왔는데 가히 성지였다. 주목할 것은 아이들만 있을 줄 알았는데, 30대 이상의 어른들도 꽤 많았다. '포켓몬'을 좋아하던 세대들이 이젠 부모가 되어 아들딸들과 함께 〈포켓몬 고〉를 즐기는 모습이 상당히 인상적이었다.

KBS 공감토론 | 한국게임산업 위기 진단

● **KBS 공감토론** : 한국 게임산업의 위기의 원인 중 첫째는, 현재처럼 플랫폼이 모바일로 넘어간다는 것은 예측은 못했더라도 대응은 해야 되는데 그런 차원에서 준비가 부족했다는 거군요. 그리고, 나중에 더 짚어보겠지만, 게임을 중독이라고 보는 그런 차원에서 상당히 인식 자체가 문제가 있다는 것인데요. 그 외에, 우리나라 게임산업이 위기라고 한다면 어떤 이유를 들 수 있는지 좀 말씀해 주시면요, 김정태 교수?

 김정태 교수 : 앞서 다른 패널분들의 발언 외에 말씀드리겠다. 저는

---

17) 인터뷰 당시, 포켓몬 129종과 약 250종 정도의 변종들과 알들이 등장

플레이어들의 소비패턴, 그리고 플레이어들의 진화, 이 측면에서도 좀 말씀을 드리겠다. 소위 '게이머(플레이어)'라고 불리는 게임 소비자 측면에서 말이다.

저는 90년대 중반쯤부터 게임업계에서 게임개발 관련 업무를 수행했다. 지금부터 20~22년 전 제가 대기업에서 게임 PM 역할을 하던 때가 우리나라의 게임산업 태동시기였다. 그 당시, 대기업(삼성, LG) 포함해서 쌍용 같은 대형 회사들까지도 게임사업에 진출했었는데, 그때는 소위 '패키지 게임' 형태로 유통되었다. 당시는 패키지게임이 주로 유통되었는데, 가장 큰 도전 과제는 '불법복제 문제'였다.

불법복제 문제 외에도 90년대 중후반부터 '번들판매'도 골칫거리였다. 왜냐하면 정식 패키지 게임 판매가격이 2, 3만원대, 좀 비싼 것은 5만원대로 팔리다가, 3~5개월 정도 지나면 정가 밑으로 팔리기 시작한다. 헐값에 덤핑도 나오다가, 한 1~2년 정도 지나면 아예 잡지번들로 함께 제공되던 시기가 있었다.

이후, 2000년대 초반 들어가면서부터 온라인게임이 막 부흥할 때만 해도, '온라인정액제'가 한동안 유지되었다. 당시엔 2만원(19,800원)대로 월 정액제 요금이 유지되어 운영되었다. 그런데, 오베족(오픈베타만 몰려드는)으로 인해 '정액제' 고수는 어려워지게 된다. 오베족들이 〈A게임〉을 오픈서비스 하기 전까지 완전 열심히 두세 달 정도 즐기다가, 〈B게임〉으로 넘어가고 〈C게임〉으로 넘어가는 식이다. 이러다 보니까 자연히 개발사 입장에서는 플레이어들을 사로잡을 방법이 뭐냐면, 결국, '무료'로 오픈서비스하는 수밖에 없었다.

그래서 '부분유료화'라는 과금 모델이라는 게 등장하고, 개발사와 플레이어들(게이머들) 간의 무한 반복루프가 진행된다. 그렇게 되면서, 한국 게임산업 구조 자체가 (플레이어들은 다 무료로 즐기려고 하는) 다소 '기형적인 형태'로 진화 발전을 해온 거다. 이 기형적 형태의 책임은 게임사뿐만 아니라, 플레이어의 몫도 있다는 거다. 따라서, 기회있을 때마다, 플레이들도 돈 낼 준비가 되어 있어야 된다고 주장한다. 물론, 한국 게이머들 중에는, 돈 낼 준비가 되어 있는 분들도 상당수지만, 무료로 먼저 즐기겠다는 플레이어들이 대다수이지 않은가.

이렇게 해서 한국의 게임산업의 과금체계는 무료 오픈서비스 후, 아이템 판매라는 기형적 구조가 되었지만, 아이러니하게도 미국이나 유럽 쪽에서는, 프리 투 플레이(Free to Play, F2P)라는 '참신한' 모델로 명명되었다. 처음에는 공짜로 즐기다 나중에는 '적정 아이템' 구매를 유도해서, 1달러, 5달러 등 과금하게 만드는 식이다. 세계적인 게임디자이너들조차도 이것은(F2P) 혁신적인 비즈니스 모델이라며 칭찬까지 들었다. 결국에는 이 모델이 악순환되면서 지금의 '한국 게임산업 위기' 사태까지 오게 되지 않았나 생각한다.

당연히 앞서 언급된 위기론[18]들 외의 플레이어 측면의 문제다. 이것(플레이어 측면)은 다른 패널들이 말씀하지 않은 내용이어서 발언한 것이다. 분명한 것은, 플레이어(게이머)들만 잘못했다는 얘기가 아니다. 여러 가지 산업적 원인들이 훨씬 더 크지만, 플레이어들도 사실은 일정책임에 대해 생각할 필요가 있다는 거다.

---

18) 이 발언에 앞서, 게임셧다운 시행 및 게임중독의 법제화, 스마트폰 전환 대비부족 등으로 국내 게임산업의 위기가 초래했다는 패널들의 주장들이 선행되었다.

● **KBS 공감토론** : 김정태 교수께서는 이 부분(수익구조)에 있어서 추가 하실 말씀이 있으신지. 게임업체 전반의 수익분배구조 문제에 대해 말 씀 부탁드린다.

김정태 교수 : 다른 패널께서 중국업체 간의 갑을관계가 바뀌고 그 때 바짓가랑이 붙들 그런 때를 얘기하셨는데, 사실은 저 같은 경우도 현업에 있을 때 그런 경험을 많이 했었다. 그러니까 콘텐츠가 괜찮으며 게임성도 좋고 정말 잘 만들어진 게임사의 게임을, 우리 대기업에서 그 게임을 유통(퍼블리싱)할 수 있게 해 달라고 부탁을 한 경우가 많았다. 그때는 심할 때는 8:2니 9:1이니 이런 배분구조 말고도 또 다른 형식의 계약이 있었는데, 그게 소위 말하는 미니멈 개런티나 럼섬(Lump Sum, 일시불 지급 방식) 계약들까지도 있었다.

그런데 지금은 환경이 온라인과 스마트폰 쪽으로 완전히 새로운 과 금 플랫폼들이 만들어진 상태에서 이전 방식과는 다르다. 강조할 것은, 플랫폼 홀더(즉, 플랫폼 사업자들)의 장악력은 앞으로도 계속 강해질 가능성이 높다. 이러한 우려에 대해 게임기업들이 한 목소리를 내야 하 며, 정부에서도 도와줘야 될 게 이런 부분들(플랫폼사업자 과점문제[19] 들이다. 정부차원에서 어떤(지원) 센터를 만드는 것도 좋지만, 제도적으 로 유통 전체의 흐름 자체를 선순환 되게 도와줄 방법의 정책연구가 시 급하다. 필요하다면 글로벌 진출을 방안들도 지속적으로 연구하면서 해법을 찾아야 한다고 본다.

---

19) 스마트폰 게임이 앱스토어(애플)에 론칭되면 매출의 3/10을 수수료로 가져간다. 나 머지 7/10을 배분하는 구조[플랫폼사(Kakao 등) : 퍼블리셔(NHN 등) : 개발사]다. 통 상 스마트폰게임 개발사 몫은 2/10 내외로 근본적인 상생방안이 필요하다.

● **KBS 공감토론** : 그러니까 예를 들자면 지금 대형마트를 규제한다든가 하는 것처럼 그런 쪽으로 수익분배를 합리적으로 할 수 있도록 그렇게 하는 정책이 필요하다. 그런 말씀인 거죠?

김정태 교수 : 다가올 미래에는 '기본소득'같은 패러다임 전환에 대비해야 한다. 갈수록 노동시장이 재편될 거다. 첨단기술들이 굉장히 발전을 하면서 일반인들(경제인구들)의 노동시간이 상당히 줄어들게 된다. 그들은 '많은' 여가시간을 활용할 것이고, 자연스럽게 게임 및 엔터테인먼트를 상당히 긍정적으로 '많이' 소비를 할 상황이 된다. 이런 차원에서라도 국가에서 게임·엔터테인먼트 산업 쪽에 도움을 주기로 작정해야 한다. 진짜 진흥할 계획이라면 10년, 20년 후의 경제구조, 인구성장구조 등까지도 감안하여 장기적인 정책이 필요하다. 게임·엔터테인먼트 콘텐츠 유통의 틀도 새롭게 조정하는 거시안적 정책이 필요하다는 생각이다.

● **KBS 공감토론** : 그래서 그야말로 1위의 저주고 배부른 돼지다. 그런 말씀하시는 거죠? 좋은 콘텐츠 개발과 그들에게 돌아갈 수익구조가 지금 왜곡돼 있다는 부분에 있어서 어떻게 생각하나?

김정태 교수 : 저는 모바일플랫폼 전환이 늦어진 문제를 다른 관점(모바일 전환 시점을 관망)에서 이야기하겠다. 대한민국에서는 PC 기반 게임산업부터 형성되었기 때문에 온라인게임에서의 강세를 상당히 오랫동안 보이고 이제 모바일로 막 전환되는 시점이다. 모바일게임 전환시

점이 실제 좀 늦었던 게 아쉽다. 우선, 우리나라에서 아이폰을 1~2년 정도 늦게 오픈을 했던, 그러한 타이밍의 실기도 좀 있었고, 당시의 폴더폰(피처폰)에 탑재되는 게임들의 수준 자체가 상당히 떨어졌었다. 이런 이유들 때문에 (모바일플랫폼 전환을) 등한시했던 것 같다.

그럼에도, 판교의 상위 게임사들은 "그래도 아직도 온라인이지."라는 분위기도 여전하다. "(스마트폰)게임 안 만드세요?" 그러면 "그것은 실험적으로 몇 개 조금 하고 있고요." 이렇게 답하는 대형 게임사도 여럿이다. (의견이) 극과 극으로 나눠져 있는데 그럼에도 불구하고 모바일 게임으로의 전환은 반드시 필요하다는 데에는 공감을 하고 있다. 그렇지만, 여전히 상당수의 게임사들에서는 온라인게임에서도 여전히 수입이 상당히 많이 나오고 있으니까, 모바일로 가더라도 좀 더 지켜보면서 가자는 거다.

그리고, 모바일게임의 '게임성'이 담보되지 못하는 문제도 계속 논쟁의 중심에 있다고 본다. 그러니까, 확률형 아이템 같은 것들로 강제로 플레이어들에게 많은 과금을 지불하도록 하여 수익을 내는 구조라면 "굳이 우리가 모바일게임 시장으로 들어가야 될까?" 이런 의문을 제기하는 개발자들도 있다는 거다.

그래서, 제가 강조하고 싶은 것은 콘솔게임이다. 글로벌 시장조사업체(Newzoo)에서 발표한 자료에 의하면, 전 세계 게임시장의 플랫폼 중 가장 많은 시장 점유율을 가진 게임플랫폼은 콘솔게임[20]이라는 거다. 국내 게임전문가라는 분들도 사실을 간과하고 있는 점이긴 하다. 국내

---

20) 전세계 게임플랫폼별 점유율은 모바일폰 게임플랫폼이 급부상하고 있지만, 여전히 콘솔플랫폼은 강세다.[2016년 Newzoo 발표, 콘솔(휴대용 포함) 31%, 온라인 27%, 모바일 27% 등]

의 꽤 많은 게임사들이 사실은 도전했다가 상당히 뼈아픈 좌절감들도 맛봐왔으며 지금도 진행 중이지만, 할 수만 있다면 우리도 빨리 그 콘솔게임 시장에 진입해야 한다고 본다. 아무리 어렵다 하더라도 계속해서 도전도 하고 준비를 해 나가야만 지금 우리가 가지고 있는 위기를 어떻게든 극복할 수 있다고 본다.

우리가 계속 콘솔게임 쪽에 도전을 해야 하는 이유는, 지금 모바일게임으로는 손바닥만한 화면이라, 표현할 수 있는 한계들을 극복하기 쉽지 않다. 설령 당장 돈이 된다하여, 모바일게임으로의 전환이 유의미할지라도 장기적으로 끌고 가기에는 상당히 위험할 수 있다. 그런 플랫폼이기 때문에 그게 언제까지 지속될 것인가에 대해서는 사실 상당히 조심스럽게 생각해봐야 한다. 또 하나 궁여지책으로 모바일 게임의 미래의 대안으로 제시해 가상현실(VR)게임 콘텐츠가 답이라는 이야기도 있다. 대기업(삼성, LG)에서 스마트폰 판매량 촉진을 위해서는 VR 플랫폼이 답일 수도 있다. 그러나, VR 플랫폼에는 여러 가지 애로사항도 있고, 기술적 한계도 문제다. 그래서 이런 측면들에서 콘솔게임을 어떻게 해서라도 우리가 준비를 해 나가야 된다고 본다.

콘솔게임이 지는 해가 아니냐는 의견에도 불구하고 시장조사기관 뉴주는, 앞으로 2019년, 2020년까지도 현재처럼 26~30%에 육박하는 전 세계 플랫폼 시장 점유율을 유지할 거라는 전망을 보더라도, 콘솔게임시장도 계속 준비를 했으면 한다. 좀 더 욕심내서, 최신 ICT 기술이 적용된 체감형 아케이드플랫폼까지 확장해도 좋다.

KBS 💭 공감토론 I 셧다운제, 등급분류제 진단

● **KBS 공감토론** : 게임을 술, 마약과 같은 정도의 중독물로 봤다. 이런 것이 굉장히 중요한 규제시도의 하나였다는 것인데, 김정태 교수께서는 어떻게 생각하시는지?

김정태 교수 : 일단 아까 다른 패널께서 산업적인 측면에서 직접적인 효과는 없었을 것이라는 말씀을 하셨는데, 그에 대해서 제가 잠깐의 반론을 먼저 해야 될 것 같다. 셧다운제는 2004년 정도까지 거슬러 올라간다. 그때 사실은 시민사회 측에서 먼저 '셧다운제' 같은 것이 필요하다고 주장했다. 우리 자녀들, 청소년들의 수면권 보장을 이유로 시민단체에서 먼저 촉구를 해서, 셧다운제가 먼저 도입 검토가 시작되었다. 그런데, 곧바로 2004년 10월 이후에 정치권이 개입했다. 저는 이 기간이 중요하다고 보는데, 당시가 2004년이고 지금이 2016년 아닌가? 벌써 12년이라는 그 긴 기간 동안 우리는 셧다운제에서 벗어날 수 없는, 마치 수렁 같은 곳에 허우적거리고 있는 거다.

물론 수치상으로는 피해액이 1조 6천 억[21]인지 가늠은 불가능한 상황이다. 그런데, 이 셧다운제 같은 규제가 한 번 생길 때마다 창작자들이 콘텐츠 창작에 들어가야 될 노력과 아이디어들이 분산되어 개발기간이 상당히 늘어나는 것부터가 큰 문제다. 셧다운제 시스템을 만들어 주기 위한 노동력이 그쪽으로 다 분산이 되는 거다. 그리고, 회사사장님 입

---

21) 셧다운제의 영향으로, 1조 6천 억 이상의 효과가 있었다는 게임업계의 발표를 패널이 인용하여 언급한 수치이다.

장에서도, 셧다운제를 해결할 수 있는 프로그래머나 서버단의 기술자들을 새로 충원하거나 대체방안을 마련해야만 한다. 이렇기 때문에, 셧다운제도는 게임생태계 전반에 걸쳐 금전적으로나 개발기간 지연 등에 상당히 심각한 큰 규제인 것이 분명하다.(반면에, 그 실효성은 거의 없는 것으로 판명이 나있어 무용지물이니 셧다운제는 폐지해야 마땅하다.)

● **KBS 공감토론** : 등급분류는 어떻게 보시는지. 김정태 교수께서는 먼저 이 등급분류제를 말씀하셨는데, 자율적으로 하면 별 문제가 없는가? 어떻게 보시는가?

김정태 교수 : 과거에 게임산업 종사자였던 한 사람으로 심의문제 역시 심각한 이슈다. 현업에서는 '규제'라는 말 자체에서 오는 부담감 때문에, 창작자들은 '자기검열'로 인한 창작활동의 위축, 표현의 한계 등 상당히 큰 문제다. 그럼에도 불구하고, 아예 없는 것보다는 어느 정도의 가이드라인 정도는 필요하다고 본다. 내년 초부터 시행될 거라고 예고되어 있는데, 아까 언급된 최소규제원칙과 책임있는 자율규제라는 원칙들[22]에 대해 저도 같은 의견이다.

그렇지만, 자율등급분류제 같은 경우에 대해 볼멘소리들이 나오고 있다. 대기업 같은 경우는 심의비나 여타의 자율규제 지정업체 선정에 있어 자격문제가 거의 없지만, 인디게임개발자들이나 작은 게임사들은

---

22) 현행의 게임등급분류이 개선을 위해서는 1. 문화/교육/산업적 관점에서 '최소규제의 원칙'과 2. 책임감이 따르는 '자율규제 원칙'의 대전제하에서, 심도있는 정책연구와 검토가 요구되어야 한다는 패널의 주장이 있었다.

영향을 받게 될 수 있다. 따라서, 이런 현업의 목소리들을 꼼꼼히 다 수용을 해서 좀 더 정교하게 다듬은 후에 실행을 하던지 해야 한다. 지금처럼, 이제까지는 정부 주도의 강력한 규제였지만, (자율규제로) 이제 좀 풀어주는 것 아니냐는 태도는 또 하나의 생색내기가 아닐 수 없다고 본다.

● **KBS 공감토론** : 문화체육관광부의 게임산업진흥 중장기 계획 발표가 있었다. 정부 차원의 일관성 있는 조화로운 정책이 필요할 텐데 김정태 교수께서는 어떻게 생각하시는지?

김정태 교수 : 이런 발표가 공교롭게 7월 18일 정도에 나왔다고 하죠. 그런데 마침 〈포켓몬 고〉 열풍을 일으킬 때라 아마 이게 오비이락 격이다. 제가 드리고 싶은 말씀 중 첫 번째는 게임의 본질을 알리는 일들이 정말 필요하다는 거다. 지금 게임셧다운제, 중독법 발의 등 이렇게 사회 전반에 깔려 있는 게임 포비아(게임에 대한 공포)와 부정적 인식을 '긍정적'으로 전환시킬 수 있는 끈기 있는 노력이 먼저 선행되어야 한다.

두 번째는, 곧 〈제2의 포켓몬 고〉같은 킬러 타이틀이 또 나오는데, 그게 '홀로렌즈'를 써서 나타날 것인지 아니면 어떤 '로보틱스'와 '인공지능'이 또 결합한 새로운 형태의 게임이 될 수도 있고 '빅데이터'를 이용할 수도 있다. 그런 것들 나올 때마다, 정부가 게임을 지원하겠다면서 이렇게 호들갑 떨건가? 언제까지 그렇게 공염불을 하기보다는, 저는 그것보다는 차라리 우리가 할 수 있는 일을 하자는 거다. 정책입안자들도 잘 아시겠지만, 미국에는 이미 일류대학에 게임 관련 전공 학과들이 매우 많다. 심지어 'MIT'나 '뉴욕대'에도 있다. 한국 정부에서 할 일은, 10년, 20년을 내다보며 중장기적인 차원에서 '인재'를 기를 수 있는 지원책이 필요하다. 규제의 '대상'으로 '게임산업'을 '관리'하려 드는 일은 중단해야 하고, 장기적 안목에서 문화와 예술로서의 게임 정책을 세우고 집행해야 한다는 점을 강조하고 싶다.

게임, 산업 그 다음을 준비할 때[23]

1990년대 초·중반, 수백억 원대로 집계되었던 게임산업은 성장하여 이제는 10조 원대의 규모다. 2000년대 초반, 대한민국 온라인게임의 위상은 세계 정상급이었고, 이때까지만 해도 게임생태계는 상생과 상호존중의 문화도 있었고, 제대로 된 '게임정책'도 작동되었다. 2000년대 중반 '아케이드게임(바다이야기) 사태'라는 시련을 겪었지만, 2000년대 후반까지 온라인 게임 위주의 양적 성장은 여전했다. 한국게임사에서 게임산업의 도약과 시련의 중심에는 '게임종합지원센터(한국게임산업개발원, 한국게임산업진흥원의 전신)'가 있었다.

1999년 초, 문화관광부(당시)의 게임산업 육성의 일환으로 설립된 게임종합지원센터(이하, 게임진흥원)는 국내의 게임정책을 '산업'적 차원에서 한 단계 끌어올렸음을 부정할 수 없다. 게임진흥원은 2009년 5월

---

23) 국회에서 2017년 7월 20일 개최된 '새정부 게임생태계 상생발전을 위한 게임정책 간담회'의 자료집 중, 『게임생태계 상생발전을 위한 제언 /김정태』중 일부를 재구성하였음.

http://dl.nanet.go.kr/SearchList.do?query=새정부%20게임정책&homepageSearchYn=Y

에 콘텐츠진흥원(이하, '콘진원')에 통합 재편되면서, '게임정책'은 교착상태에 빠지기 시작한다. 제대로 된 '게임정책'은 오간데 없고 생태계는 기형적인 행태로 교란되기 시작했다. 이 때, 소위 잘나가는 게임사들이 몸집을 키우며 '게임대기업'의 등장이 본격화되었고, 동시에 허리를 담당해주던 '중견기업'들이 도태되면서 양극화가 심화되었다.

문화콘텐츠산업을 차세대 성장산업으로 육성함으로써 한국이 세계적인 문화콘텐츠 강국으로 도약할 수 있는 기틀을 다지겠다며 설립된 콘진원 체제에서는 '게임산업'에 특화된 정책수립과 집행은 요원했다. 방송, 출판, 캐릭터 및 음악 등 여타의 콘텐츠를 일괄 지원하는 콘진원에서는 '게임'만의 전문성은 결여될 수밖에 없었다. 이같은 조직 통합에 따른 폐해를 간과한 채, 일각에서는 게임을 산업과 기술측면을 무리하게 강조하면서 ICT 산업군으로 묶어야 한다고 주장하고 있다. 그들은 문화체육관광부(문체부)와 산하기관에 국정농단 세력들이 잔존하며, 게임산업육성의 의지가 없다고도 주장한다.

그러나, 2017년 현재 10조 원대가 넘는 한국의 게임산업은 집계된 종사자만 8만 명(상장사 8천 명 이상)이 넘고, 게임산업은 이제 도약기와 성장기를 넘어 그 다음을 고민할 때이다. 완숙기에 접어든 한국 게임산업의 해법을 ICT 산업군들과 함께 밀어붙인다고 해결될 일은 아니며, 외려 혼란만 가중시킬 뿐이다. 산업적 측면에서의 해법은 2009년 콘진원 통합이후 스러져간 '게임의 본질'을 찾는 것부터 시작해야 한다.

문체부의 게임전담 부서 역량을 강화하고, 납득할 만한 게임정책을 수립하고 지휘감독할 게임생태계를 속속들이 아는 게임전담 정책담당관의 보강이 급선무다. 콘진원의 전문성이 문제라면 각 콘텐츠별 업의 개념에 정통한 전문가들로의 조직개편으로 가능한 일이며, 모든 콘텐츠 중 게임의 기여도에 걸맞도록 양적인 게임조직의 강화도 필요하다.

　가능하다면, 문체부 및 산하기관의 실태를 면밀한 검토분석 후, 문화예술로서의 게임의 미래비전을 플래닝 할 질적인 조직 확충 혹은 신설을 제안한다. '게임생태계'의 복원과 지속가능성을 위해 과거 '산업' 프레임으로의 회귀가 아니라, 미래의 '게임 패러다임'을 준비할 때이다. 게임은 '공학' 기반을 넘어 '인문학'으로, '산업'을 넘어 '문화예술 창작활동'으로 도약할 때다.

 **Commentary**

새정부에선 셧다운제 같은 산업 발전을 가로막는 규제의 혁파가 필요하다. 무조건 규제에 반대하는 것은 아니다. 꼭 필요한 규제와 산업 발전의 균형을 맞춰 달라는 뜻이다. 현재 우리 게임업계의 가장 큰 문제는 게임을 문화 콘텐츠가 아닌 산업 시각으로만 보기 때문이다. 게임을 문화 콘텐츠로, 개발자를 창작자로 대우해야 한다. 그래야 창의 작품이 활성화되고, 과도한 야근 등 근로자 처우 문제가 개선된다.

이제까지 정부의 게임정책은 소수 대기업에 초점을 맞춰 왔다. 국내 게임이 건전하고 장기 발전을 이루기 위해서는 중견·중소·인디게임 업체가 탄탄해야 한다. 국가 정책의 온기가 이들에게까지 미치도록 확대해야 한다. 그래야 다양한 창의 작품이 나온다. 현재처럼 소수의 대기업이 확률형 아이템을 활용, 수익 극대화를 추구하는 획일화된 작품을 지원하는 구조에선 국내 게임업계의 장기 발전이 어렵다.

게임을 문화 컨텐츠 및 창작물로 격상시키면 게임업계의 현안들이 대부분 저절로 해결된다. 셧다운제, 결제한도 등 대부분 규제들이 게임을 '돈벌이 수단'으로 간주한 데서 기인한 것이다. 게임을 문화 창작물로 인식하면 개발자들은 아티스트가 되고, 이들의 열악한 노동 실태도 해결되며, 게임에 대한 부정적 인식도 바뀐다. 이것이 새정부 게임정책에서 가장 시급하고 중요한 부분이다.

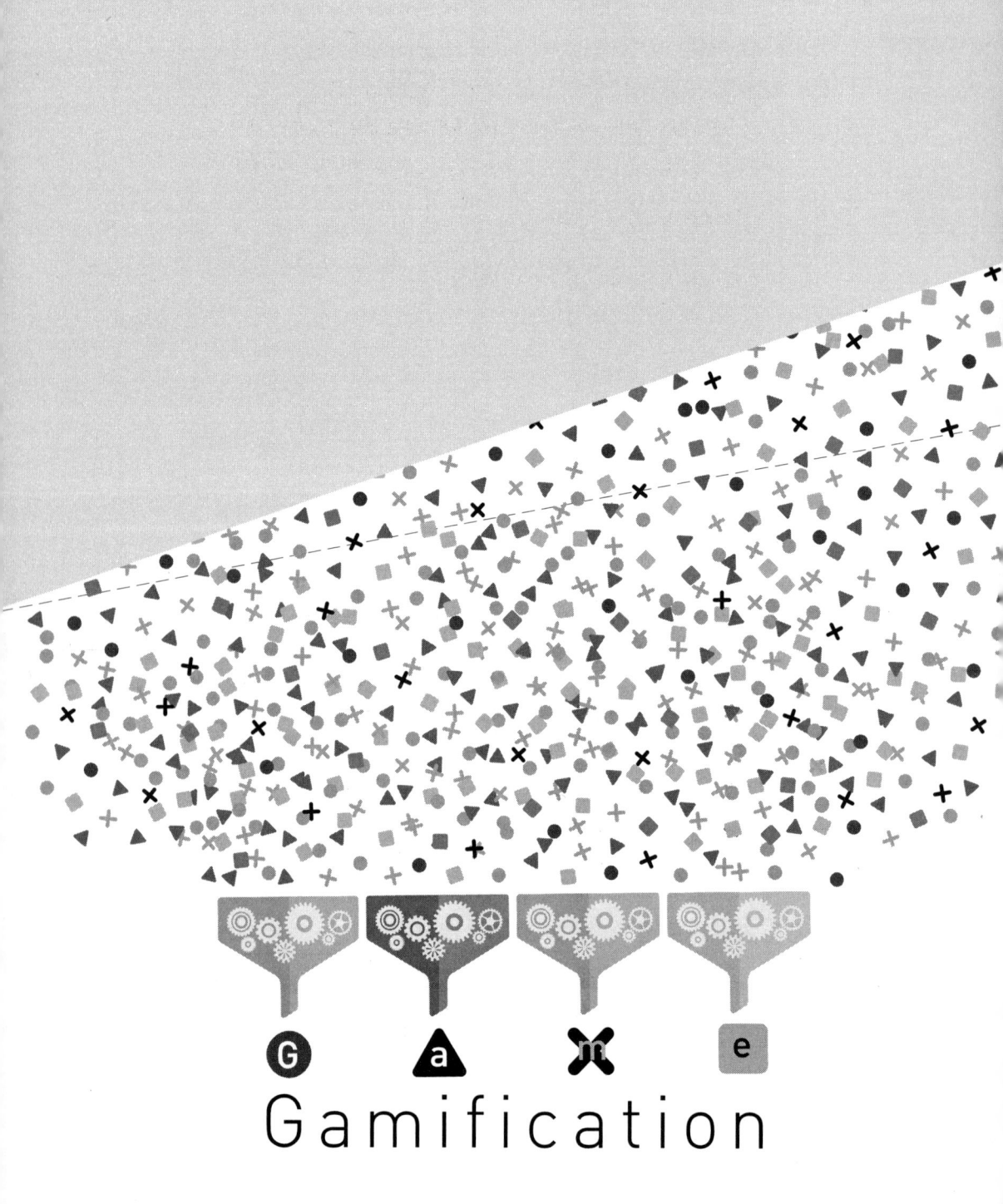

Gamification

문화와 예술로서의 게임

02

게임은 문화다 : 우리가, 우리를 위해, 우리밖에 없다! | 게임방송, 기대치 높다 | 1백만 실업시대에 150억 원 게임행사 | 지스타, 세계적 게임쇼로 키워야 | 지스타 미국·중국에서도 개최해야 | 게임인 대 영화인 | 게임, 중독인가? 예술인가? | '게임인' 들이여, 게임예술법 통과에 노력하자! | 문화·예술이 어우러진 '게임거리' 조성 절실 | 문화·예술로서의 게임

Gamification

게임은 문화다 :

Game
우리가, 우리를 위해,
우리밖에 없다!¹

매스미디어 발전을 시대별로 보면, 19세기는 인쇄 미디어(소설, 신문), 20세기가 영상 미디어(영화)였다면, 21세기는 게임 미디어의 시대로 진화 중이다(Game On, 2011). 우리나라에서도 전 세계 매스미디어의 진화의 순서에 꼭 맞게, 인쇄 미디어(소설가 김한길), 영상 미디어(영화인 유인촌)의 계보를 이어, 게임 미디어콘텐츠가 온

[2013년 12월 11일 개최된 '게임은 문화다' 토론회 현장 사진]

1) 슬로우뉴스의 2013년 12월 06일자 칼럼을 토대로 하여, 일부 재구성하였음.
   http://slownews.kr/16428

국민의 환영을 받고 장관급 게임인이 나오길 꿈꾸기도 했다.

　게임을 4대 중독물질로 규정하는 일명 '중독법'을 저지하고, 게임을 건강한 문화로 정착시키기 위해, 게임계 종사자와 법조계, 의학계, 문화계 등이 토론에 참여했다.

　그런데 유독 대한민국만은 매스미디어가 시대를 퇴보를 넘어 시대에 역행하는 것은 물론이고, 과연 대한민국에서 매스미디어가 존재할 수 있을까 하는 위기감마저 든다.

　최근 논란의 중심에 있는 일명 '게임중독법'은 중독물질(행위)에 "게임 등 미디어콘텐츠"를 포함한다. 아직 발의 중인 상태이지만, 그 자체만으로도 이 땅의 게임 등 미디어콘텐츠 업계 종사자들을 잠재적 중독 유발 물질 생산자이자 배포자로 낙인 찍어버린 것 같은 느낌을 지울 수 없다.

게임인이 적극적으로 대응하지 못하는 이유

　게임중독법이 현실화하면, 더 걷잡을 수 없는 일들이 봇물처럼 터져 나올 수 있다는 인식을 게임 등 미디어콘텐츠업계 사람들 모두 공감하고 있다. 그중에서도 가장 큰 타격이 예상되는 게임인이 적극적으로 대응하지 않는 이유는 무엇일까?

　첫째, 게임인은 창조적인 사람들이다. 그러므로, 현재 본인들이 창조하고 있는 작업에 몰두하고 있고, 그 이외의 일들에는 관심과 시간을 할애하기에 하루가 너무 짧다. 특히 게임개발 종사자는 하루하루가 플

게임은 문화다!

게임 편견 타파 강연 및
'게임 등 미디어콘텐츠' 대토론회

- 명칭 : "게임은 문화다" – "게임 등 미디어콘텐츠 대토론회" 및 게임 편견 타파 컨퍼런스
- 일시 : 2013년 12월11일(수), 14:00~20:00
- 장소 : D.Camp (선릉역)
- 주최 : 게임마약법 저지를 위한 "게임인" 연대, 게임개발자연대, 와일드카드(주), GAMEMOOK.COM, Monoki.com, Zerial.net, 우물파는 게이머들의 리뷰, 한국게임학회, 대학 이스포츠 동아리연합회, (주)에스비티(사보텐스토어)
- 후원 : 한국인터넷디지털엔터테인먼트협회(K-IDEA)
- 미디어스폰서 : 경향게임즈 외

[2013년 12월 11일 개최된 '게임은 문화다' 토론회]

레이어의 감성을 터치하는 신의 영역에 버금가는 뼈를 깎는 창조자들이다. 게임 디자이너는 게임에 혼을 불어넣는 창조를, 게임 프로그래머는 기술적 구현을 그리고, 게임 아티스트는 시각적 감동을 만들어내는 데 촌각을 다투게 된다. 그러다 보니, 게임중독법 같은 현안에 목소리를 높이고, 대외 활동을 활발히 하고 싶어도, 그건 마음뿐 실행에는 물리적으로 한계가 있다.

둘째, 게임인은 예술가적 감성을 가졌다. 2011년에 미국대법원이 "게임은 예술이다"라고 판결한 이후, 국내 게임학계와 업계에서는, 게임을 문화의 차원을 넘어 예술로 다루기 시작했다. 기존 예술 범주들과 나란히 한 영화나 음악은 이제 어엿하게 예술로 자리를 잡은 것처럼, 게임을 (창조 혹은 플레이)하는 사람도 스스로에 대한 자부심은 이미 예술인을 넘어선다. 그런데 이 예술적 기질이 많은 게임인은 바지런함이 다소 부족하다. 그래서 그런지, 당장 숨넘어가는 일 이외에는 액션이 느린 감이 있다. 그렇기에 현안들에 대한 발 빠른 대응과 실행력이 아쉽다.

셋째, 게임인은 온라인소통에 익숙하다. 80년대를 지나 90년대 초·중반까지만 해도, 게임 제작 공정 중에는 오프라인 재료가 꼭 필요했다. 플로피디스크, CD-ROM 같은 저장 매체며, 패키지 등이 필요하였다. 그리고 플레이어도 각종 동호회를 구성하여 오프라인 모임이 활발했던 게 사실이다. 그런데 최근 스마트폰의 급속 보급과 초고속망의 발달로 패키지 게임이나 전문 게임 잡지들은 거의 사라져 가고, 온라인 댓글과 토론에 익숙해졌다. 그러다 보니, 게임인 다수는 온라인 성토에만 의존할 수밖에 없다. 그나마 적극적으로 의견 개진을 하는 게임인은 참 고맙다. 침묵하는 다수와 냉소하는 게임인은 얼마나 많을까? 이런 온라인 성토가 얼마나 오프라인 여론으로 연결될지는 미지수다.

넷째, 게임인은 아바타 시스템에 익숙하다. 아바타는 '고대에 땅으로 내려온 신'이라는 의미로 분신(分身) 또는 화신(化身)이라는 뜻으로 쓰였다가, 인터넷 시대가 열리면서 3차원이나 가상 현실 게임 또는 웹에서의 채팅 등에서 자기 자신을 나타내는 그래픽적 대체물이라는 의미로 쓰인다. 주로 인터넷 게임 캐릭터로서의 아바타가, 미국 헐리우드 블록버스터 3D 영화 [아바타]를 통해 남녀노소가 열광하면서 이젠 보통명사화되었다. TV 예능 프로그램에서 아바타 조정하기는 인기코너로 자리를 잡았다. 어쩌면, 많은 게임인은 게임중독법에서 게임을 구해줄 막강아바타를 기다리고 있는 것은 아닐까? 그런 아바타가 나타날 가능성은 높지 않아 보인다. 게임인의 권리와 지위는 아바타가 아니라 우리 게임인 스스로 지켜야 한다.

게임인, 이제 밖으로 나와 스스로 도울 때

이상과 같은 이유로, 게임인은 오프라인 소통에 대해 능하지 않은 것 같다(추가 연구가 필요한 개인적인 견해). 게임인들이 창조적이며 예술적인 작품에 골몰하면서, 온라인에서만 불평하고, 성토한다고 해서, 우리 견해를 대변할 아바타가 게임중독법에서 게임을 구출해 줄 리 없다. 이젠 우리가 직접 오프라인으로 나와서 소통해야 한다. 우리를 대신할 아바타는 없다. 우리 게임인만이 게임중독법에서 게임을 구원할 수 있다.

더 나아가, 그러한 끊임없는 오프라인 소통에 관한 노력없이 온라인에서 근거가 약하거나, 아니면 말고 식의 푸념만으로는 부족하다. 게임인이 솔선하여 오프라인의 열린 토론회에서 소통해야만 하는 이유가 바로 여기에 있다.

게임방송 기대치 높다[2]

'게임'이 엔터테인먼트 콘텐츠의 핵으로 부상함에 따라 인터넷은 물론이고 케이블방송, 공중파 방송, 위성방송 분야에서도 게임 전문채널이 잇따라 등장할 것으로 보인다.

[서울 마포구에 위치한 서울 OGN(온게임넷) e스타디움]

---

2) 게임조선의 2000.07.19. 일자 칼럼을 토대로 하여, 일부 재구성하였음.
   http://www.gamechosun.co.kr/article/view.php?no=1714

이미 몇몇 인터넷방송들은 지난해부터 인터넷 게임채널을 운영하기 시작했다. 아직까지 두드러진 성과를 보이고 있는 곳은 없지만 이제 인터넷 게임방송은 새로운 게임 정보 제공의 창으로 자리잡을 전망이다. 뿐만 아니다. 이제까지 매니아들의 전유물이었던 '게임'이 전파를 타고 TV 모니터를 통해 안방의 시청자들을 끌어들이는 강력한 무기(?)로 다시 태어나려 하고 있다.

게임전문 케이블방송 '온게임넷(대표 담철곤)'이 7월 24일 정식개국을 목표로 한창 개국 특집 이벤트를 준비 중이다. 동양그룹 계열의 이 게임방송은 만화전문채널인 투니버스의 '게임플러스' 등 게임 관련 편성시간대의 시청률에 자신감을 얻어 독립적인 게임채널을 준비해 왔다.

이에 앞서, 7월 10일 '겜 TV(대표 박장순)'는 본격적인 사업전개의 시작을 알리며, 게임방송사업에 포문을 열었다. KBS 영상사업단이 축이 되어 위성을 통한 다양한 게임콘텐츠를 제공할 예정이다. 세계를 상대로 한 게임방송산업 비즈니스를 개척해 갈 것이라는 포부를 공표한 이 회사도 자사의 인터넷(http://ghemtv.com/)을 통해 온라인과 오프라인의 병행 서비스를 전개할 예정이다.

그밖에도 공중파 방송을 포함한 몇몇 방송국들이 게임전문채널의 개국을 추진 중이거나 검토 중인 것으로 알려지고 있다. 돌이켜 보면, 과거 공중파 방송의 어린이 시간대 메우기 편성의 일환이었던 '게임'을 소재로 한 프로그램은, 최근 몇 년간 시청률에서 열세인 케이블방송을 통해 꾸준히 시청자에게 파고들었던 아이템이다. 만화전문채널을 시작으로 어린이-스포츠-음악채널 등에서 게임을 소재로 한 방송 편성시도는 많았으나 크게 주목을 끌지는 못했던 것도 사실이다.

그러나, PC방 홍보 및 인터넷 벤처회사들의 마케팅 툴로 각광을 받고 있는 '게임대회'라는 소재는 시청자들에게 일반 오락프로그램에서 접할 수 없던 신선한 볼거리를 제공하기에 충분할 뿐만 아니라, 방송국의 입장에서는 저예산으로도 제작이 가능하므로 충분한 효자노릇을 하기에 이르렀다.

게다가 게임대회 전문업체들이 생겨나면서, 시청률을 의식하여 참신한 소재 찾기에 골몰하고 있는 방송국의 입장에서는 '게임'은 더할 나위 없이 좋은 소재로 손꼽히게 되었다.

이에 인터넷 방송, 케이블 방송은 물론이고 공중파 방송까지 가세하여, 시청자들은 이제 어렵지 않게 게임 관련 프로그램을 즐길 수 있게 되었다. 이렇듯 게임 관련 방송 매체가 늘어나는 것은 게임 인구 저변 확대라는 측면에서 고무적인 일이 아닐 수 없다. 그러나, 특정 외산게임에 대한 방송 제작 의존도가 높은 현실을 감안하면, 시간이 지날수록, 자칫 소재의 빈곤으로 인한 방송 제작의 어려움에 따른 파행 운영도 걱정된다.

충분히 사전 검토와 연구가 선행되었으리라 믿어 의심치 않는다. 그러나, 해외 게임에 필적할 만한 변변한 대작 게임하나 제작할 수 없는 국내 게임산업 현실에 비추어 볼 때, 다소 과열양상을 띤다는 여론도 있다. 이젠 주사위는 던져졌다. 게임방송 시장을 형성하면서 시청자들을 끊임없이 끌어들이는 콘텐츠 개발만이 숙제로 남겨진 셈이다.

17년이 지난 2017년 현재 게임방송은 완전히 청소년들의 주류문화로 자리 잡았다. e스포츠 관람문화, 게임리그 운영 노하우 등의 경쟁력은 이미 세계 수준이다. 그런데, 방송의 핵심 콘텐츠가 외산 게임들이라, e스포츠 강국이라는 명성이 다소 아쉽다. 잘 가꾼 e스포츠 방송인프라를 토대로 국산 종목의 활성화도 필요하다. 기금조성, 방송 콘텐츠 제작 지원 등 기업과 정부가 나선 적극적인 활성화 대책이 필요하다.

1백만 실업시대에 150억 원 게임행사?[3]

지난 13일 신라호텔에서 열린 제1회 월드사이버게임즈 조직위원회의 출범식에서 문화관광부(이하 문광부) 관계자는 "올해 12월에 있을 월드사이버게임즈를 한국에서 시작하는 세계최고의 게임대회로 만드는 것이 기본 방향"이라고 밝혔다. 문광부 장관이 공동 조직위원장으로 선임되었으며 행사비용도 약 150억 원 규모(조직위원회 발표 예산)에 이른다.

특정 기업이 주도하는 행사에 국가의 공공기관이 얼굴마담 식으로 등장한 것도 왠지 떨떠름했지만 아이러니하게도 같은 날 재정경제부는 "지난 2월 중 실업자 수는 105만 명, 실업률은 5%에 이르는 것으로 잠정 집계됐으며, 실업사태는 더욱 악화될 전망"이라고 공식 발표했다.

실업자 100만 명 시대와 150억 원 게임행사. 무슨 관계가 있을까? 얼핏 보기엔 아무런 관계가 없을 수도 있지만, 한편으론 "너무 사치스런 행

---

3) 게임조선의 2001.03.18.일자 칼럼을 토대로 하여, 일부 재구성하였음.
   http://www.gamechosun.co.kr/article/view.php?no=5023

사 아냐?"는 우려의 목소리도 있다. 물론 주최 측에선 컴퓨터게임에 대한 무한한 비전성과 투자의 필요성, 그리고 행사의 성공이 가져다주는 수많은 명성과 수익기대를 주장할 수 있다.

하지만 우리는 이 시점에서 짚고 넘어가야 할 것은 반드시 짚어야겠다. 그것은 과연 "이런 행사에 150억 원을 쏟아 부어야 하나?"란 부담스러움과 "도대체 어떤 내용으로 가져갈 것인가?"란 우려심, 게다가 "기대하는 만큼의 긍정적인 수익이 창출될까?"란 걱정스러움이 바로 그것이다.

올 행사의 전초전 형식으로 작년 10월에 에버랜드에서 열린 '월드사이버게임챌린지'의 경우 60억 원이라는 투자금액은 조직위가 밝힌대로 '삼성이 시드니 올림픽에 후원한 액수에 비하면 10분의 1도 안 되는 액수'였지만 과연 그에 상응하는 효과를 거두었는지 묻고 싶다.

[2000년에 WCG 챌린지에 이어, 2001년 제1회 WCG 2001 그랜드 파이널을 한국 코엑스에서 개최했다.]

전초전이었지만 주최 측의 준비 소홀로 대회 도중 시합용 컴퓨터가 멈추거나 컴퓨터 바이러스가 퍼져 경기가 중단되는 등 진행에 잦은 차질을 빚었으며, 대회 홈페이지(www.worldcybergames.org)마저 해킹을 당해 공지사항 코너 운영이 중단되는 등 오히려 망신도 많았음을 알아야 한다.

150억 원이면 작년 행사의 두 배가 넘는 금액이다. 대규모 행사장 임대-시설 구축-선수초대-고액의 상금을 상정해도 부담스런 금액이 아닐 수 없다. 아마 상당액은 홍보비용으로 들어갈 게다.

국내 게임 개발사들의 평균 개발비가 3.82억 원(게임종합지원센터 발표). 산술적으로 계산하면 약 40편을 만들어 낼 수 있는 금액이다. 아직까지 변변히 내세울 만한 e스포츠 게임을 개발해낼 수도 없는 상황에서 전세계 게이머들을 위한 대규모 게임대회를 열면 국내 게임 산업의 위상이 높아질까?

세계 최대 게임 강국인 일본에서조차도 각종 게임 대회나 전시회의 경우 자국의 게임 종사자나 게이머들을 위한 만남의 장으로부터 게임 관련 행사가 발전해 왔음을 상기할 필요가 있다. 우리가 번 돈 유망한 사업에 투자한다는 논리에 이러쿵저러쿵 하고 싶지는 않지만 게임산업의 기반인 개발과 유통시장이 엉성한 이 시점에서, 또 실업자 1백만 명 시대에 터져나오는 "누구를 위한 잔치인가"란 주장엔 귀 기울어야 한다.

그나저나 과연 우린 이런 대규모 행사를 치를 만큼 게임산업이 탄탄한 인프라를 가지고 앞서가고 있는 것인가? 최근 몇 년간 스타크래프트가 200만 장 판매(한빛소프트 발표)되는 독주를 보이는 가운데 국산 패키지 게임은 출시 편수 면에서 보면 5년 전에 비해 절반 이하 수준이다.

기껏해야 1개월에 2편도 출시 못하는 정도다. 이것이 우리의 현실이다.

이런 상태에서 세계적인 게임대회를 열어봤자 게임종목은 대부분 외산이고 국산은 인기가 없을 게 뻔하다. 몇몇 특정 외산 게임을 즐기는 인구가 많다고 우리나라가 게임의 종주국이 될 수는 없지 않은가? 바로 이점이다. 게임 종목 선정이 큰 문제다. 조직위 측에서 검토 중인 몇몇 국산 게임이 과연 세계 여러 국가들의 게이머들에게 얼마나 설득력이 있을지 심사숙고해야 한다.

자칫하면 작년처럼 4종목 중 3종목에서 한국의 게이머가 우승하는 어이없는 결과가 되풀이 될 수 있다. 물론 한국 게이머들의 실력이 워낙 출중할 수는 있겠으나, 공식 홈페이지에서 확인할 수 있듯이 제대로 된 룰의 숙지 부족에 진행 도우미들의 의사소통 미비 등 해결해야 할 문제들이 산재해 있기 때문이다.

세계 25개국의 국가에서 출전하는 자격있는 게이머들의 선발도 중요한 점이다. 가능하다면 국내 게이머들과의 간담회로 그칠 것이 아니라 해외 게이머들의 의견들을 반영하고 국내외 게임전문가들의 의견도 최대한 수렴할 것을 제안한다.

끝으로 흔히 말하는 비즈니스 모델이 있는가에 대한 물음을 하고 싶다. 조직위원장은 수익성에 대한 물음에 대해서는 '고민 중'이라는 짤막한 답을 전할 뿐이다.

올림픽이나 월드컵 같은 세계적인 스포츠행사의 명목은 스포츠를 통해 세계인의 화합과 평화를 기리는 것이다. 하지만 그런 행사를 개최를 하려고 노력하는 국가들의 목적은 이제는 '수익'을 최우선으로 삼는다. 방송 중계권이나 관광객들의 부가적인 지출과 기타 파생되는 각종 상품으로 생기는 수익 등이 유치목적인 것이다.

그렇다면 이번 대회의 비즈니스 모델은 무엇인가? 무형적인 가치 즉 게임 종주국으로서의 위치를 확고히 하려는 대제가 있다면 그 이면에 우리에게 과연 어떤 수혜가 올 것인가? 게임대회를 통해서 한국의 게임 산업의 위치가 올라가는가? 한국 상품의 브랜드 가치가 올라가 판매에 도움이 될 수 있을 것인가?

돌이켜보면, 정부의 여러 정책에서 보아왔듯이 우리나라는 실제로 명 목만 중시할 뿐 경제적인 가치나 실제적인 수익 등에는 등한시 해온 사 례가 많다. 비근한 예로 인터넷 비즈니스에서도 보듯이 인터넷 사용 인 구와 사용 시간 등 외형적인 면에서는 어느 국가에 못지않은 수준이지 만 그러한 수치들이 수익을 창출하는 이익구조로 발전하지 못한 것만 봐도 속빈강정 같은 느낌이다. 어차피 시작된 게임 프로젝트다. 우리는 이번 행사가 대성공을 거두길 기대하며 열거한 문제점들에 대한 해결과 정을 끝까지 지켜볼 것이다.

 **Commentary**

이 칼럼이 쓰일 당시에, 조선일보와 서울시 등의 주최로 제1회와 제2회 '게임 랭킹결정전'이 개최되었다. 필자도 총감독으로 행사에 참여하였다. 당시, '이 스포츠'란 말도 생소할 때였기에, 대신에 '게임행사'나 '게임대회'라는 표현 을 사용하였다. 또한, 외국산 게임 종목들에 대한 부담도 커, 아쉬운 마음에, 국산 종목들도 경기종목으로 채택한 경험이 새롭다.

지금이야, 프로게임단도 많고 프로게이머들의 인기는 여느 아이돌 스타 못지 않게 성장하였지만, 이스포츠 종목은 아직도 외산 일색이다. 물론, 이스포츠 업계 전문가들은 국산이나 외산 종목의 문제로 볼게 아니라고 한다. 하지만, 초기 이스포츠 산업의 참여자로서, 기왕이면 이스포츠 종목과 중계방송의 '국산화' 연구와 개발도 이루어졌으면 한다. 아울러, 프로게이머 및 이스포츠 전문 인력 양성을 위한 '이스포츠학과'가 대학교와 고교에도 속속 개설되길 기대한다.

지스타, 세계적 게임쇼로 키워야[4]

Game

문화부와 정통부는 물론 거의 모든 게임단체들이 함께 힘을 모아 개최하는 지스타 2005가 개최되었다. 하지만 지스타는 그 화려한 출발만큼 잡음도 많았다. 국내 모든 게임쇼를 통합한다는 것에 대한 반발, 수능에 가까운 일정과 일산이라는 불리한 장소, 비즈니스 중심인지 관람객 중심인지조차 확실하지 않은 방향 등 과연 지스타 2005가 성공할 수 있을지 게임업계는 의문의 눈길을 보냈었다.

지스타 2005의 준비상황과 진행상황에 대해 그 당시 지스타

[2005년 당시, 게임메카와의 인터뷰 사진]

4) 게임메카의 2005년 10월 10일자 인터뷰를 토대로, 일부 재구성하였음
http://www.gamemeca.com/view.php?gid=56420

전시사무국의 김정태 부장의 인터뷰이다.

Q. 현재 지스타 전시사무국은 어떤 인원으로 구성되어 있나?

금년 5월까지는 게임산업개발원에 소속되어 있었으나 7월 1일부터는 독립법인으로 전환했다. 현재 전시사무국의 인원들은 6명으로 대부분 공채를 통해 모집한 전시회 전문가들로 구성되어 있다.

Q. 지스타의 목적이 무엇인가? 관람객 or 비즈니스가 우선인가?

초기에는 E3나 TGS 등 해외 유명 게임쇼들을 모두 아우를 수 있는, 또 관람객보다는 바이어 상담 등 비즈니스에 초점을 맞춘 E3 형식의 게임쇼를 구상했었다. 하지만 한국의 온라인게임이 북미나 유럽권에는 그다지 알려지지 않았고, 아예 한국이 어떤 나라인지조차 모르는 경우가 많아서 해외 바이어를 초청하기가 너무나 어렵더라. 특히 유럽권에는 한국에 대해 알리는 것에 급급했다. 이런 현실적인 어려움 때문에 지난 6월부터 방향을 급선회해 비즈니스와 관람객 유치를 모두 아우르는 전시회로 목표를 바꿨다.

Q. 장소나 일정에 대해 불만을 가진 업체 및 게이머들이 많은데, 왜 굳이 일산에 그것도 수능 직전으로 날짜를 잡았나?

사실 우리도 매우 안타깝다. 10년 동안 카멕스(KAMEX)가 열렸던 코엑스 전시장에서 지스타를 개최하면 유리한 것은 당연하다. 하지만 올해 초에 시행했던 장소 입찰 공모에 코엑스가 자체적으로 게임쇼를 개최하겠다는 등의 이유로 응하지 않더라(물론 지금은 그 얘기가 쏙 들어갔다). 어쩔 수 없이 킨텍스로 장소를 옮긴 것이다. 날짜에 대해서는 앞에서 얘기한 것처럼 초기 방향이 비즈니스 중심이었기 때문에 일반 유저에 대해서는 많은 고려를 하지 못한 것이 사실이고, 불찰이다. 내년 2회에는 게이머들이 좀더 공감할 수 있는 날짜를 선택하겠다. 물론 장소가 먼 것은 사실이지만 강남, 신촌, 광화문, 영등포 등 서울 주요 지역에 약 32대의 셔틀버스를 20분 간격으로 동원하는 등의 계획을 세워두고 있다. 물론 셔틀버스는 무료로 운영할 계획이다. 이 문제에 대해서는 확정하는 대로 공식 발표하겠다.

Q. 현재 준비상황은 어떤가? 100여 개 기업이 1,000여 개 부스를 차린다고 발표했는데, 참가기업 리스트를 공개할 수 있나?

현재는 숫자가 좀 더 많아져서 150여 개 기업에 1,500부스로 늘어났다. 발표했던 대로 엔씨소프트, 웹젠, 한빛소프트, 닌텐도, 손오공, 조이온, NHN 등이 참가를 확정했다. 리스트는 확정된 후에 공개하겠다.

Q. 조사한 바로는 CJ, 파란, 네오위즈, 엠게임 등이 불참한다는데 특별한 이유가 있나?

11월이라 예산집행이 어렵다는 이유가 컸고, 게임포털과는 컨셉이 안 맞는다는 불만도 있었다.

Q. 해외업체들의 참가는 어떤가? 유명한 해외업체들도 참가하나?

현재 소니, 세가, 코나미, 타이토, 인텔 등이 참가를 확정했다. MS와 닌텐도는 아직 협상이 진행되고 있는데 이번 곧 결과가 나올 듯하다.

Q. 초기에는 전체 부스의 30% 해외 메이저 퍼블리셔들로 채워진다는 등의 쿼터제를 발표했었는데?

닌텐도와 MS가 참가하면 그 목표를 달성할 수 있을 것이다. 보통 게임쇼의 경우 유명한 업체들에게는 무료로 부스를 내어주곤 하는데, 특히 EA나 닌텐도 등은 내부적으로 특별한 경우를 제외하고는 무료부스가 아니면 참가를 안 한다. 지스타의 경우에는 전혀 무료부스를 내어주지 않았다.

[지스타 2005 국제게임전시회 전시행사장 도면]

Q. 게임업체들은 지스타에서 신청할 수 있는 부스의 최대한도가 60부스(163여 평)라서 너무 작고, 천편일률적으로 꾸밀 수밖에 없다는 불만이 나오고 있다. 어떻게 생각하나?

당초 목표했던 것보다 참가업체가 많아서 벌어진 일이라고 생각하면 쉬울 것이다. 아마도 신청할 수 있는 부스의 제한을 두지 않았다면 엔씨소프트나 넥슨 같은 대형업체가 몇 개만 들어와도 행사장이 꽉 찼을 것이다. 때문에 당초 800부스로 잡았던 목표를 1,500부스까지 늘렸다. 이 역시 처음이기 때문에 벌어진 일이라 생각하고, 내년 2회부터는 개선해 나가겠다.

Q. B2C관과 B2B관으로 나눈 목적은 무엇인가?

B2C관에서는 말 그대로 전시가 이뤄지고 B2B관에서는 비즈니스가 이뤄진다. 비즈니스 데이를 특별히 두지 않은 대신 현실적으로 비즈니스가 이뤄질 수 있고, 바이어에 초점을 맞춘 공간이 B2B관이다. 때문에 이곳에서는 신청한 게임업체들의 상담부스가 죽 늘어서 있고, 바이어들이 둘러보면서 원하는 업체에 상담을 신청할 수 있다. 또 게임과 관련한 모든 수출 상담회를 통합한 행사가 전시관 인근에서 개최되는데, 이곳에는 해외업체를 포함해 60개 업체 100여 명의 바이어들이 참가할 예정이다. 이들 중에는 빌 로퍼나 필 해리슨(소니엔터테인먼트 부회장) 등 유명인사나 해외 유력 언론들도 포함되어, B2B관과 함께 시너지 효과를 거둘 것으로 기대한다.

Q. B2B관에서는 전시가 없는 것인가?

그것은 업체가 결정할 일이다. 일반 관람객이 참여하지 않는 만큼 전시보다는 바이어 상담에 초점을 맞추고, 우리도 상담실이나 접견실을 따로 지원하는 등 비즈니스적인 측면에서 접근하려 한다.

Q. 요즘 업체에서는 지스타와 같은 대형 게임쇼가 온라인게임을 홍보하기에는 적합하지 않다는 판단으로, 자체적인 행사를 벌이는 경우가 많다. 〈리니지 2〉나 〈로한〉, 〈라그나로크〉 등이 그랬다. 어떻게 생각하나?

역시 첫 번째 열리는 전시회라서 확신을 갖지 못하는 업체들이 많은 것 같다. 해외업체들과 상담을 할 때도 한국에서 열리는 대규모 전시회라는 점에 관심을 보이는 경우는 굉장히 많았다. 하지만 1회이기 때문에 아직까지는 성공 가능성에 의문을 품고 있는 것 같다. 이번 대회를 성공적으로 마무리하면 개선될 사항이라고 본다.

지스타,
미국·중국에서도 개최해야[5]

Game

최근 E3, 도쿄게임쇼(이하 TGS) 등 세계적인 게임쇼들이 잇달아 규모를 축소한다고 발표해 업계 관계자들의 이목을 끌었다. 국내 게임업계에서는 E3, TGS가 규모를 축소하면 상대적으로 국내 게임쇼인 '지스타'가 뜨는 것이 아니냐는 성급한 기대도 흘러나왔다. 물론 반대로 세계적인 게임쇼도 규모를 줄이는 판국에 걸음마 단계인 국내 게임쇼도 별 수 없다는 부정적인 시각도 있었다.

그래서 지스타 전시사무국을 찾았다. 개인적인 궁금증도 있고, 앞서 설명했듯이 업계 궁금증도 있기 때문이다. 지금부터 트랜드가 변하는 국제 게임쇼에 당당히 명함을 내민 '지스타'에 대한 이야기를 들어보자. _디스이즈게임

---

5) 디스이즈게임의 2006년 08월 07일자 인터뷰를 토대로, 일부 재구성하였음. http://m.thisisgame.com/webzine/news/nboard/5/?page=138&n=3258#board-coment-list

[2006년 당시, 디스이즈게임과의 인터뷰 사진]

E3 TGS 규모축소, 지스타는 상관없다

"지스타는 E3, TGS에 영향을 받는 게임쇼가 아닙니다. 때문에 이들 게임쇼의 규모축소로 인해 지스타가 흔들리지는 않습니다. 궤도수정은 전혀 없습니다."

지스타 전시사무국 김정태 부장(사진)은 "지스타는 이제 시작하는 단계며 E3, TGS와는 성격이 다른 게임쇼인 만큼 기존 세계적인 게임쇼와 비교해 말하는 것은 어폐가 있습니다"라고 설명했다. 국제 게임쇼가 규모를 축소하는 만큼 지스타도 그에 맞게 구조조정을 해야 하는 것이 아니냐는 업계의 우려에도 김 부장은 오히려 이 상황에 '지스타'에게 있어서는 절호의 기회가 될 수 있을 것이라며 긍정적인 전망을 내놓았다.

"불경기로 옆 가게가 문을 닫는다고 해서 반드시 우리 가게도 문을 닫을 필요는 없다고 생각합니다."

기존 게임쇼가 'PC 패키지 및 콘솔게임'을 중점적으로 다뤘다면 지스타는 이제 성장하기 시작하는 '온라인게임'을 중점적으로 다루고 있기 때문에 시장성장에 따라 무한한 가능성을 갖고 있다는 것이 김 부장의 설명이다.

하지만 ▲관람객 감소 ▲스폰서 이탈 ▲저효율 구조 등으로 인해 E3, TGS 등 해외 게임쇼가 트랜드 변화를 시도하고 있는 것이 '지스타'를 꾸려가는데 고비가 되는 것도 사실이다. '투자대비 효용이 떨어진다'는 최근 게임쇼의 경향이 대형 게임업체뿐만 아니라 지스타 참가를 고민하고 있는 중소업체들에게 영향을 미치고 있기 때문이다. 이에 대해 김 부장은 다음과 같이 설명했다.

"지스타를 통해 저비용·고효율 게임쇼에 대한 가능성을 열어 보이겠습니다."

▲게임쇼 참가에 따른 상징성 부여 ▲해외 주요게임시장 진출에 대한 교두보 마련 등의 효과를 거두기 위해 많은 비용을 들여 해외 게임쇼에 출전했다면 앞으로는 적은 비용으로도 비슷한 성과를 거둘 수 있도록 '지스타'의 가능성을 점점 키워나겠다는 것이다.

지스타, 단계적으로 국제무대 진출

지스타의 궁극적인 목표는 단계적으로 국제무대에 진출해 점차 규모가 축소되는 해외 게임쇼의 빈틈을 채우는 것이다.

김 부장은 "지스타가 국내시장에 안정적으로 정착한 후에는 해외전시를 적극적으로 검토할 계획이다. 지스타 차이나, 지스타 아메리카 등 지스타의 성격을 다변화시켜 해외시장에 진출시킬 것이다. 이 계획은 단계적으로 진행될 예정이다"라고 설명했다. 가장 중요한 문화관광부와 국내업체의 적극적인 호응만 있다면 충분히 가능하다는 것이 지스타 전시사무국의 판단이다.

김 부장은 "기존의 해외 게임쇼가 비용대비 효율이 떨어지는 B2C 전시규모를 줄이고 있기 때문에 이를 전략적으로 공략한다면 충분히 성공을 거둘 수 있다"고 설명했다. 이런 외형적인 발전 외에도 지스타는 ▲양질의 관람객 유치 ▲EI(Event Identity) 제정 ▲관리 전산화 ▲관람객 CRM(Customer Relationship Management) 분석하여 내실을 다진다는 계획을 가지고 있었다.

"게임쇼에 있어 가장 큰 부담은 유치 관람객의 규모입니다. 규제 강화, 비용상승이 주요 문제점으로 꼽히고 있지만 해외 게임쇼의 연이은 규모축소 움직임 속에는 기존의 관람객 규모를 유지해야만 하는 문제가 작용했다고 볼 수 있습니다."

김 부장은 내실이 다져지지 않은 외형적인 발전은 게임쇼에 전혀 도움이 되지 않는다며 지스타 성장에 필요한 국내 게이머들의 적극적인 관심도 부탁했다.

B2B-B2C, 어느 하나 포기하지 않는다

이렇게 해외시장에 나가도 손색 없을 정도의 '가격대 성능비가 높은 게임쇼'를 만들기 위해 지스타는 B2B와 더불어 B2C까지 모두 챙긴다는 계획이다. 김 부장은 "지난해 예상 외로 B2C 전시에 대한 국내 게임 업체의 관심이 높아 이에 대한 비중을 높이다보니 상대적으로 B2B 전시에 대한 관심이 소홀했다"며 "올해는 2배 이상 규모가 증가한 만큼 B2B 전시분야에서 지적됐던 문제점을 해결해 B2B 전시와 B2C 전시가 균형적으로 이뤄질 수 있도록 할 방침이다"라고 설명했다.

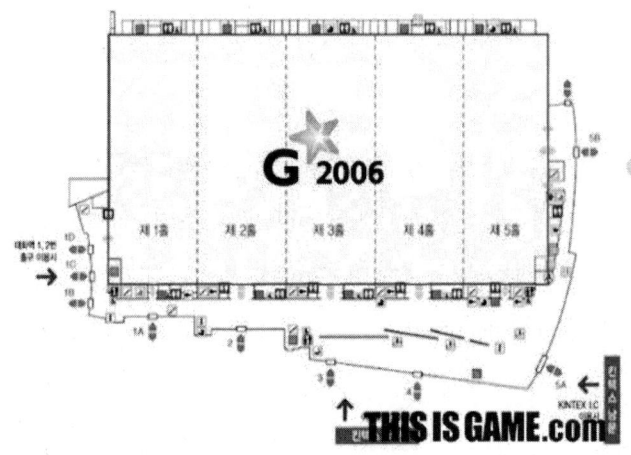

[원년에 비해 2배 규모로 확대된 지스타 2006 행사장도면]
1홀:아케이드관, 2홀:비디오게임관, 3·4홀:온라인게임관, 5홀-비즈니스센터

지스타 2006부터 단계적으로 강화시켜 B2B 전시는 '트레이드 센터'의 성격으로의 도약을 기대하고 있었다. 김 부장의 설명에 따르면 전시사무국은 이를 위해 ▲비즈니스 센터 진입원활 ▲프레스 센터 연계 ▲소음차단 ▲일반 전시성격의 부스 배제 ▲비즈니스 상담이 가능한 전용 미팅룸 확보 ▲기자회견이 가능한 컨퍼런스 센터 제공 ▲영세업체들을 위한 회의실 및 미팅룸 제공 등 지난 지스타 2005 이후 관련 업계에서 요청한 사항을 적극 수렴해 이후 행사부터 적용해 나가고자 하였다.

행사개최의 주목적 중 하나인 국내·외 관람객 유치를 위한 B2C 전시도 한층 강화하였다. '지스타'를 통한 최신 게임작품 및 정보공개는 물론 '빌로퍼', '코지마 히데오' 등 지난해 초청됐던 해외 유명 개발자들의 지스타 참가를 진행하였다. '내수용 게임쇼'라는 오명을 벗기 위한 적극적인 해외관람객 유치 홍보 및 대안도 마련됐다. 김 부장은 "현재 ▲중화권·동남아 ▲독일·유럽 ▲일본 등 크게 3가지 권역별로 준비된 현지 대행사를 통해 지스타 홍보를 진행하였다. 지스타 2006 조직위원장으로 코트라 사장도 위촉된 만큼 지스타 홍보에 코트라의 자원도 적극 활용됩니다"고 말했다.

업체뿐만 아니라 행사에 참여하는 해외 관람객을 위한 콘텐츠도 마련하였다. 전시사무국은 한류분위기를 이용해 지스타 관람을 비롯 국내게임업체 방문, 한국 IT 문화 체험, 한국문화 체험 등을 한데 묶은 패키지를 구성해 해외 관람객에게 제공하도록 하였다. 이외에도 지스타는 국내 관람객을 위한 '지스타 게임리그', '게임뮤직 콘테스트'. 〈펌프 잇 업〉 페스티벌' 등 사용자 참여형 행사를 위주로 부대행사를 마련해 관람객을 유치하기 위해 적극적으로 노력하였다.

"지스타2006의 개최까지 100일도 남지 않았습니다. 지스타가 4년 후 미국, 일본, 중국 등 세계 게임시장에서 국제 게임쇼로서 다시 한 번 거듭날 수 있는 밑거름은 바로 게이머들의 관심입니다."

뜨거운 8월 햇살 속에서도 지스타가 안정적으로 성장할 수 있는 두 번째 토양 마련을 위해 전시사무국에서는 최선을 다해 준비를 하였다.

게임인 대 영화인[6]

최근에 거푸 개최된 게임쇼와 영화제 소식이 여론을 달구고 있다. 하나는 게임인들의 축제 지스타 게임쇼이고, 다른 하나는 영화인들의 잔치 대종상 영화제다.

지스타와 대종상이 닮았다?

우선, 지스타 게임대상 시상식에서의 주최측인 지스타조직위 위원장은 오해를 일으킬 부적절한 발언을 하였다. 그는 "게임대상을 받은 회사가 그다음 지스타의 메인스폰서를 해주는 좋은 문화를 이어갔으면 한다."고 발언해 시상식의 '선정성' 시비를 촉발시켰다. 게다가 조직위는 "게임마약법"으로 일컬어지는 4대중독법을 대표발의 정치인을 초청하면서 논란을 촉발시켰다.

---

6) 더게임스의 2015년 11월 24일자 칼럼을 토대로, 일부 재구성하였음
   http://www.thegames.co.kr/news/articleView.html?idxno=186488

한편, 올해로 52회를 맞는 대종상 영화제 사업본부장은 "(대종상) 각 부문별 수상자를 2명씩 선정해 참석하지 않은 후보에게는 상을 주지 않을 것"이라는 '대리수상 불가' 규정을 발표해 파문을 일으켰다. 그는 "누구를 위한 영화제인지 모르겠다. 우리나라 배우 수준은 후진국 수준"이라고 말해 논란을 증폭시켜, 결국 톱스타들이 대거 불참한 채로 시상식은 씻을 수 없는 오명을 남기게 되었다.

　여기까지는 지스타나 대종상의 주최 측의 행보가 너무나 닮아 있어 거기서 거기랄 수도 있을 것이다. 최근의 스마트폰 게임환경으로 급전환 국면을 타개하려는 지스타는 매년 스폰서 찾는 것이 상당히 부담스러웠을 것이고, 정치권과의 협력(?)을 위해 불가피한 무리수를 던졌을 수도 있다. 대종상 영화제 또한, 어렵게 잔치상을 차려보지만 정작 스타급 영화배우 대신에 대리수상 행태가 거듭되어 궁여지책으로 '대리수상 금지'라는 초강수를 던졌을 게다. 다른 점은 이 양대 문화축제의 주인공(영화인과 게임인)들의 반응이다.

　양대 문화축제의 주최 측의 '비정상적인' 행태는 너무 닮아 있지만, 종사자(게임인과 영화인)들의 대응은 분명히 대조된다. 대종상 주최 측의 부당함에 대해 영화인들은 '보이콧'을 하면서 주최 측에 '갑질' 행태에 항의의 뜻을 명확히 밝혔다. 이 여파로 영화계 전체는 대종상 존폐론까지 불거져 나오고 있으며, 영화인들 모두가 건강한 대종상으로 거듭나기 위한 대안 찾기에 뜻을 모으고 있다.

　반면, 지스타 주최 측은 '오해발언' 이후에도, 도저히 납득이 가지 않는 정치인 S씨를 초청함으로써, 품의를 떨어뜨림은 물론 면죄부까지 주는 꼴이었다. 그녀가 행사장 연단에서 "초청해 주어서 감격할 정도로

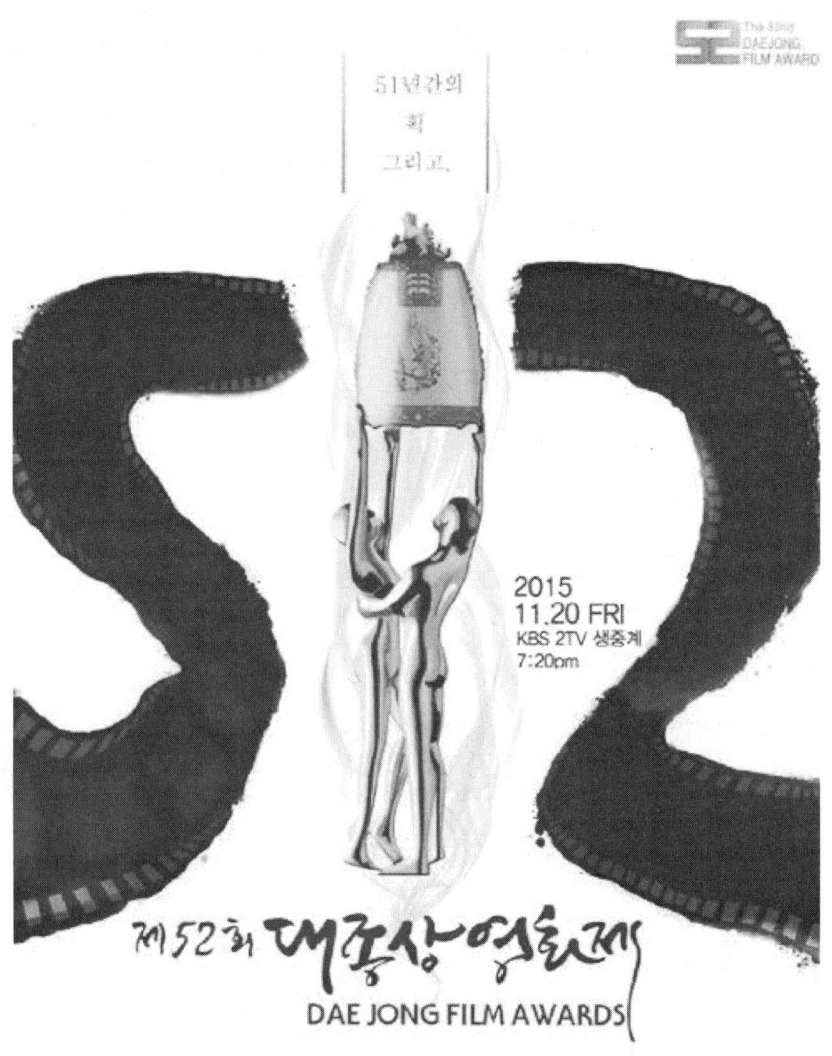

[제52회 대종상 영화제 포스터]

감사드린다"며 늠름히 축사를 할 때 게임인들은 무엇을 하였는가? "오락성 게임은 약간 포화시장이 됐는데, 미래에는 우리가 주도적으로 게임산업의 한 축을 이끌어 나갈 수 있는 중요한 모멘트가 오고 있다"며 게임산업을 고사시켜 논 장본인이 지스타 행사장에서 궤변을 늘어놓더니 이제는 '게이미피케이션'까지 언급하면서 게임인 전체를 우롱하는 발언을 이어가고 있다.

여기서, 세가지 의문이 생긴다. 1) 그녀가 과연 게임과 게임산업을 이해는 하는 것인가? 2) 그녀의 축사가 진심이었을까 ? 3) 지스타에서 초대한 게 맞을까?

줄을 타는 정치인, 판깔아 준 게임계

우선, 그녀는 게임과 게임산업에 대해 얼마나 알고 있을까? 기껏 게임인들의 잔치에 와서 한다는 말이 "게임을 많이 이해하게 되었고, 왜 중국에 밀리고 있는 느낌(?)이 드나 하는 것까지도 이해를 한다"는 알 수 없는 말을 쏟아내면서, 내년에는 직접 '게임제작(연구)'도 해겠다는 야심도 피력했다. 게임은 본디 '오락'성 그 절정일진데 "오락성 게임이 약간 포화되었다"는 뜬금포를 날렸다. 잘 나갈 만한 '게임산업'에 '게임마약법'으로 치명타를 날려놓고선 이제와서 "미래에는 우리가 주도적으로 게임산업의 한 축을 이끌자"라는 궤변도 서슴치 않았다. 대체, 게임백서라도 한 번 넘겨보고 지스타에 나온 건가? 기능성게임 시장은 전체 게임산업 규모에 비해 조족지혈인데, 그걸로 게임산업 전체를 이해하는 양

전문성을 과시하려 들기도 했다. 모르면 게임전문가'들의 이야기에 귀를 담기라도 할 것이지 말이다. 지난해 '게임중독법' 토론회에 그렇게 자리에 나오라고 초청할 땐 들은 척도 안하더니 왜 이제 게임판에 얼씬 거리는 것일까?

둘째, "더 큰 시각으로 게임 '사업'을 발전시키고, 잘 육성되고 부작용을 최소화 할 수 있도록 한 번 더 노력하겠다"는 그녀의 말이 진심일까? 아니 '게임산업'도 아니고 '게임사업'이다. 국내 게임산업 10조쯤은 산업이 아니라 '사업'으로 밖에 안보이나 보다. 그리고, 게임산업은 '게임인'들이 책임지고 발전시키게 지켜보고 도와주면 될 것이지, 왜 본인이 발전시키겠다고 나서는 것일까? 그녀의 진의가 정말 진짜 궁금하다. 혹시 마지막 말을 하고 싶어서 지스타에 왔던 것은 아닐까? "(게임의) 부작용을 최소화 할 수 있도록 한 번 더 노력하겠다"는 말의 행간이 궁금하고, 그녀의 진심이 궁금하다.

끝으로, 지스타에서 그녀를 정식 초청했는가이다. 과연, 지스타에서 이번에 초청 연사로 공식 초대한 것이 맞는가? 그렇다면, 누가 왜 그녀를 초대했을까? 지스타조직위에서 게임인들의 반응을 몰랐을 리 없을 것이다. 만약 몰랐다면 그것은 더 큰 문제가 아닐까? 초대한 것이 사실이라면, 대체 무슨 의도로 초대했는지 지스타 측은 속시원이 밝혀야 한다. 그리고, 초대한 것이 사실이라면, 게임인들에게 정식으로 관련 경위를 분명히 설명하고 사과해야 하는 것이 맞다. 그녀의 페이스북에 링크된 모 매체에 따르면, "국가적 어려움이 생겼을 때 (...) 정치인도 할 수 있다는 것을 보여주고 싶다면서 총대를 메고 잘 해내는 이미지를 갖고 싶다"고 하며 '줄타기'도 마다하지 않겠다며 정치적 야심을 드러내고 있

GLOBAL GAME EXHIBITION

G-STAR 2015

11.12(THU) – 15(SUN) BEXCO, BUSAN

 GLOBAL GAME EXHIBITION G-STAR

[지스타 2015 전시회 포스터]

다. 그녀가 총대를 메고 발의했던 '게임중독법'은 그녀에겐 '국가적 어려움'을 해결하기 위한 사명감이었을 수도 있다는 스친다. 만약, 이대로 줄타기를 마다않는 S씨에게 자리를 깔아주면서 어물쩍 '면죄부'를 줄 요량이면 큰 오산이다. 게임인들의 자존심을 짓밟은 이번 사태에 대해 납득할만한 해명이 꼭 필요하다.

영화인들이었다면 어땠을까? 그들은 아마 단체 퇴장을 했을 게다. 행사장에 그런 정치인은 아예 발도 들이지 못하게 했을 게다. 아니, 아예 그런 이를 초대하지도 않았을 게다.

물론 극단적인 대응만이 능사는 아닐 수 있다. 혹자는 정치인의 특성상 쉽게 사과를 할 수 없는 상황이니, 기왕 게임 쪽으로 러브콜을 보내오는 정치인을 배척해서는 안 된다고 항변한다. 물론 그 말이 맞을 수도 있다. 그런데, "(게임의) 부작용을 최소화 할 수 있도록 한 번 더 노력하겠다."는 그녀의 발언을 되짚어보자. 혹시 "(내년에 국회의원이 다시 되면, 게임중독법을 발의해서) 한 번 더 (통과시키기 위해)노력하겠다"는 속내가 아니길 바랄 뿐이다.[7]

지스타조직위의 이해 못할 행동

과연, 성의있는 사과표명 없는 S씨의 진심을 기대할 수 있을까? 작년(2014년) 10월 국감장에서 그녀는 "게임위의 성추행 사건과 관련, 가해자 진술서와 게임위의 보고 내용이 다른 것도 은폐를 시도한 정황이라

---

7) 결국 S씨는 20대 국회에 입성하진 못하였다.

고 볼 수 있다"며 "이와 관련해 정확한 사건 조사와 이후 징계가 있어야 된다고 본다"면서 문화부장관에게 질책했었다. 그런데, S씨의 지스타 방문인증 페이스북 사진에, 공교롭게도 교체되어 임명된 게임물등급위 Y씨가 함께 웃고 있는 것을 보고도 '진심'을 느끼는 게임인이 과연 몇이나 될까?

지스타가 끝난 지 10일이 지난 지금도 게임인들의 주최 측에 대한 원성이 사그라들지 않고 있다. 조직위의 납득하기 어려운 '발언'과 '초대'에 대해서 속 시원히 해명하지 않으면 더 거세질 수도 있다. 지스타 게임대상 시상식의 공정성과 권위회복을 위해서는 서둘러 진화에 나서야 한다. 또한, '게임중독법' 발의자를 지스타에 '초대'하게 된 경위도 분명히 설명하고 사과해야 하는 것이 옳다.

'대종상 영화제'를 반면교사로 삼아야 한다. 지스타 조직위는 게임인들이 목소리를 높여 복지부 게임중독 광고를 2번이나 중단시킨 사실을 주지해야 한다. 게임인들의 자존심을 짓밟은 이번 사태들에 대해 어물쩍 넘어가려 들지 말라. 게임계를 위해 동분서주해 온 노력에 흠결을 없애기 위해서라도 하루 속히 입장 표명이 있어야 한다. 물론, S씨도 정말 게임업계를 위해 노력하길 원한다면 진정성 있는 사과를 해야 하는 것이 필요충분 요건이다. 게임인이 목소리를 높이기 시작했으며, 뭐라도 할 것이다. 우리는 영화인들보다 더 할 수 있는 게 많다!

게임, 중독인가? 예술인가?

국회토론회 통해 업계 결속의 장 마련

김정태 교수가 개최준비 중인 2번째 '게임 등 미디어콘텐츠 대토론회'의 주제는 '게임, 중독인가? 예술인가?'로, 국회에서 열린다. 김교수가 준비하고 있는 국회토론회에 대해 이야기 나누었다.[8]

Q. 이번 국회토론회 개최 배경에 대해 궁금하다?

이번 토론회를 계기로 게임 콘텐츠가 아닌 게임산업이 이야기 거리가 되었으면 하는게 솔직한 심정이다. 게임업계를 압박하는 쪽은 청소년 수면문제, 학업 등을 항상 문제시 하고 있는데, 게임업계가 '터부'시 했던 문제들과 지금까지 시원하게 말하지 못했던 문제들을 터트리는 장을 만들고자 한다.

즉, 게임문제를 공론화하는 장을 마련하겠다는 뜻이다. 그동안 게임

---

8) 더게임스의 2014년 4월 15일자 인터뷰 내용을 재구성하였음
　　http://www.thegames.co.kr/news/articleView.html?idxno=174909

업계가 말하지 않던 문제들이 곪아 '셧다운제'나 '게임중독법(인터넷중독 예방에 관한 법률)'안이 만들어질 단초를 제공했다는 생각에서다. 게임업계가 눈치를 보느라 말하지 못했던 문제들을, 이번 토론회에서 방청객이라도 좋으니 '터부'시 됐던 문제들을 꺼내 함께 토론했으면 좋겠다.

이번 토론회를 통해, 비온 뒤에 땅이 더 단단해지듯, 게임업계가 그동안 비를 피하느라 연해진 기반을 단단히 할 수 있는 계기로 삼았으면 한다. 어떤 산업이든 성숙과정에서 문제가 없었던 분야는 없다. 게임업계에서도 그동안 말할 수 없었던 여러 가지 문제를 양지에서 터놓고 말함으로써 더 건강한 산업으로 발전했으면 한다.

Q. 예술로서의 '게임'에 대해 설명을 해주신다면?

국내에서는 '게임'을 예술로 인정하기에 아주 인색한데, 그 것은 뉴미디어(게임)에 대한 이해의 '결여'에 있다. 예로부터, 예술을 (과)소비하는 데 있어 부작용이 발생하는 것은 어느 분야에나 있는 이야기다. 잘 만든 작품과 희소성, 소비자 혹은 관객 입장에서 수집하고 싶어지는 것이 있어야 '예술'이라 평가할 수 있다. 게임은 이 단계를 거치고 있는 거라고 봐야 한다.

가장 대표적인 대중예술인 음악의 경우, 중세시대 소비하는 '상품'에서 현재 '예술'로 승화한 것도 위와 같은 맥락에서 이해할 수 있다. '동영상'은 가장 최근에 등장한 콘텐츠이지만, 미적인 통찰력과 과거 콘텐츠 발전상에 힘입어 이미 '예술'로 평가받는 시대가 왔다. 조만간 게임이 차세대 '예술' 콘텐츠가 되는 것은 당연한 일이다. 그 시간을 앞당기는 것이 우리 같은 사람이 할 '의무'가 아닐까? 이번 토론회를 개최하는 것도 같은 이유다.

Q. 해외에서는 게임에 대한 태도나, 교육·연구 방식은 어떤가?

지난 6년간 미국에서 살면서, 게임을 연구하며 가르쳐 왔다. 최소한 미국에서는, 게임은 당연히 문화이며, 예술로 받아들이는 데에 인색함이 없다. 게임제작에 있어 그래픽디자인 담당자를 '게임아티스트'라고 부르는데에 주저함이 없는 것만 봐도 그렇다. 물론, 한국과 미국에서 바라보는 '아트(Art)'라는 의미에서 오는 차이는 존재하는 것 같다.

해외도 게임에 대한 연구가 많이 됐다기보다 체계(시스템)가 잡혔기 때문으로 보는 것이 옳다. 미국에서도 게임의 폭력성 논란이 없진 않았지만, '게임'에 대해 체계적이고 지속적인 연구와 게임산업계의 전폭적인 지지로 이젠 '예술'로서의 표현의 자유를 보장받고 있는 것이다. 여기엔 게임 교육의 역할도 주요했다고 본다.

해외 대학에서는 게임개발자를 지망하는 학생에게 인문학을 먼저 배우도록 교육한다. 미국의 경우, 게임을 창작하고 개발하는 법을 배우기 전에, 연극과 드라마, 철학, 이야기를 풀어나가는 기법 등을 2년 내외 배우게 된다. 이 과정에서 '생산'된 연구사례들이 게임업계가 인용하는 자료의 기초가 되는 등 '시스템'이 잘 작동된다.

Q. 국회의원이 주최하는 토론회여서 정치적 문제를 우려하는데⋯⋯.

지난 2013년 12월에 개최했던 '게임은 문화다' 토론회 이후 후속토론회를 기획해 오고 있었다. 마침, 김광진 의원실에서 적극적인 '러브콜'이 있어 받아들였을 뿐, 정당이나 정치이념과는 관계가 없다. 김광진 의원실이 주최여서 정치색을 띄는 것 아니냐 것은 우려일 뿐이다. 게임의 순기능을 알리고, 예술적 가능성에 대한 공론의 장일 뿐이다. 자칫 이 토론회가 정치권의 이슈로 번져 사태가 더 악화될지도 모른다는 걱정은 기우이다.

'게임인'들이여, 게임예술법 통과에 노력하자![9]

다양한 '게임'의 정의가 있어 왔지만, 게임이 '구조화된 놀이(Structured play)'라는 점에서는 공통점이 있다. 이 정의에 따르면 게임의 핵심은 '놀이'다. '예술의 기원'은 '놀이'로부터라는 연구가 이론적으로 입증(후이징아, 카이와 등)된 지 오래며, 기정사실로 받아들이고 있다.

이렇게 되면 결국, '게임은 구조화된 예술'인 셈이다. 이에 힘을 실어주듯, 저명한 해석학적 미학의 창시자 '가다머'는 예술을 '게임'으로 규정한 바도 있으며, 2011년엔 미국대법원에서 '게임'을 예술로 인정했다. 예로부터 이 '예술'은 권력자들과 귀족들의 점유물이었다. '예술을 모르면 미개하다'는 진부한 경구에 동의하듯, 소득수준이 높아진 우리나라 중산층들은 경쟁적으로 '예술소비자' 대열에 합류함으로 '예술의 모르는 미개함'으로부터 벗어난 지 오래다.

---

9) 디스이즈게임의 2014.05.30.일자 칼럼을 토대로하여, 일부 재구성하였음.
http://www.thisisgame.com/webzine/news/nboard/12/?n=54961

하지만, 일부 정치인들은 예외다. 몇몇 국회의원들과 지지자들은 '예술' 형식 중의 하나인 '게임'을 '중독물질'로 규정하려 안간힘을 쓰고 있다. 그들은, '놀이'와 '예술'의 본질인 '게임'을 전혀 모르는 채 그 순기능을 무시하며, 학부모들과 기독교인들을 필두로 여타 종교의 힘까지 결집시키고 있다. 겉으로는 "게임이든 뭐든 중독에 빠진 사람들을 구해내자는 게 과연 나쁠까 생각을 해달라"며, 중독에 빠진 대한민국을 '구원'할 명분을 내세우고 있지만, 속으로는 '대한민국 정신과의사 집단의 숙원사업'을 도모해온 '미개한' 정황이 여럿 포착되고 있다.

정신과 전문의 출신 S국회의원은 '게임 등 미디어콘텐츠'를 술, 마약, 도박과 함께 '4대 중독 물질'로 포괄하는 법안을 발의했다. 이를 통해 원스톱 '중독 컨트롤 타워'를 신설하여, '게임'에 빠질 청소년들을 미리 관리 예방하여 '구원'하겠다고 벼르고 있다. S의원은 '재난 컨트롤 타워'의 역할을 포기한 박근혜 정부를 출범시킨 새누리당에 19대 비례대표 국회의원으로 입성했다. 세월호 사태에서 300여 명의 안타까운 생명 중 단 한 명도 구하지 못한 정부수장인 대통령이 비례대표 11번이었던 점을 감안하면, 7번시드를 배정받은 그는 여당에서 신임하는 인물이다.

이를 방증하듯, 지난 세월호 참사 발생 일주일 후, 세월호 침몰사고 수습이 한창이었던 진도 팽목항을 찾아 '현장 응급의료소'를 둘러본 뒤, "안산은 잘 되는 데 (진도) 현장 응급 의료소는 잘 안 된다. 말해서 깨버려라"라고 막말을 퍼부었다. 이에 현장 의료진은 "아무것도 모르는 사람이 와서 한 마디 던지고 가는데 당황스럽다.(중략) 그런 사람은 안 오는 게 돕는 거다"며 반발했고, 이후 해당 발언의 의미를 묻는 현장 취재진을 피해 급히 자리를 피한 것으로 알려졌다. 게다가 동행한 새누리당 관계자는 '기사화 하지 말아달라'는 부탁까지 했다고 전해진다.

　정부의 게임정책에 대한 안하무인격인 행보는 어제 오늘의 일이 아니다. 새누리당의 원내대표는 '게임'을 악의 축으로 규정하는 발언을 서슴지 않는가 하면, 기독교 단체를 끌어들여 게임을 하지 않는 것이 '구원' 받는 것이라고 성도들의 단합을 촉구해오고 있다. 이제는 그것도 모자라서, 국회에서 '범 종교 시민사회 200인 선언 및 토론회'라는 허울을 앞세워, 불교계까지 끌어들이는 퍼포먼스를 벌이기까지 했다. 한편으로는 학부모들을 자극하여, 게임과 학업성적과의 반비례 방정식을 찾기에 골몰하고 있다.

　현 정부의 게임 탄압은 집요하고 지속적이다. 정부의 지원을 받는 곳의 대표와 일부 변호사들도 각종 토론회에 등장하여, 청소년의 건강과 성적에 해악을 주는 '게임'이야말로 척결되어야 하는 부모들의 공공의 적이라는 주홍글씨의 '낙인'을 더 깊고 진하게 새기는 중이다. 납득할 수 없는 근거 부족한 어설픈 짜깁기 통계자료들을 들이대며, 학부모들을 겁주며 S의원의 나팔수 역할을 하고 있다.

　유명대학의 정신과의사들도 앞장서서 '게임 뇌'와 DSM-5[10]라는 근거 박약하지만 그럴듯해 보이는 논거들을 내세워 학부모들은 물론 일반 국민들까지 '게임은 해악'이라는 공식에 동조하도록 끊임없이 세뇌시키

---

10) 2013년 개정된 DSM-5(정신질환 진단 및 통계 편람)에서 인터넷게임 중독과 관련된 제안이 추가됐고, 인터넷 게임중독과 유사한 특성을 지닌 '도박중독'도 이미 행동장애에서 중독으로 재분류되었다며, 인터넷 게임중독이 무시할 수 없는 위험으로 다가왔다고 주장했다. 그러나 올해 출간된 DSM-5에는 인터넷 게임중독은 아직 정신장애로 분류되지 않아 앞으로 더 많은 연구가 필요한 사안으로 분류됐을 뿐이다. 즉 아직 연구결과가 미비해 정식으로 인정하기 힘들어 계속 연구할 필요가 있다고 제안한 수준이다.

고 있다. 정말 정신과 의사들이 맞나 할 정도의 비 의학적인 잣대, 아니 비상식적인 근거들을 대면서 게임을 중독물질로 몰아간다. 심지어는 '4 대 중독법에 게임'을 빼느니 '마약'을 빼라는 유아적 발상의 '생떼'까지 부린다.

생떼를 부리는 데에는 이유가 있는 법. 생떼는 강하게 뭔가를 요구하는 미취학아동들이 자주 보여주는 습성이다. 강하게 요구사항을 관철하여, 그에 따른 심한 보상을 받기 위함인데, 과연 이렇게 심하게 생떼 부리는 이유가 무얼까? 그 생떼에 따른 보상은 무엇일까? 이미 여러 가지 정황들이 포착이 되고 있다. 내부자료에, 버젓이 '정신의학계의 숙원 사업'이라고 쓰여있는 문건에서 보여지듯, 이 생떼의 본심이 아니고 무엇이랴.

그럼, 게임인들은 무얼 해야 하나? 언제까지 가만히 있을 것인가?

우선, 가까이서 할 수 있는 일부터 하자. 집에서 출퇴근 때에 할 수 있는 일도 있다. 페이스북과 트위터, 온라인 까페, 블로그 그리고 게임웹진 등에 '게임의 순기능'을 알리는 댓글과 포스트부터 시작하자. 솔선하여 전면에서 게임중독법 반대하는 '게임인'들에게 격려의 메시지도 좋다. 온라인에서 진행되는 게임중독법 찬반투표에도 한 표를 꼭 행사하자. 게임 관련 토론회에 참석하여, 게임중독법의 왜곡과 게임 순기능을 알리자.

[2013년 12월 11일 개최된, '게임중독법 반대 토론회'에 많은 게임인들이
행사장에 참석하여, 진지하게 행사를 지켜보고 있다[11]]

더 나아가, '의학적 중독'과 '게임'간의 상관관계에 관한 명확한 규명
에 지속적인 연구가 필요하다. 미래를 위해 체계적인 게임연구(인문사회
과학, 인지과학 등)에도 적극적인 투자가 필요하다. 게임 예술 인정 법
안에도 관심을 갖고 노력을 해야 한다. 이를 위해 재원마련도 게임인들
과 게임기업들이 나서서 해결해야 한다.

당장 여러분들의 SNS 계정에, 게임의 순기능을 알리는 글이나 기사를
올리는 것은 어떨까?

---

11) 사진출처 : 디지털데일리의 2013년 12월 12일자 기사에서 인용.
   http://www.ddaily.co.kr/news/article.html?no=112003

문화예술이 어우러진 '게임거리' 조성 절실[12]

올해가 온라인게임 탄생 20주년이 되는 해다. 초기 텍스트나 완성도 낮은 그래픽 형식의 온라인 게임의 시도가 여럿 있었지만, 최초의 그래픽 기반의 온라인 게임은 〈바람의 나라〉로 간주되고 있다. 전 세계에 대한민국이 온라인 게임의 종주국임을 선포하고, '온라인 게임 탄생 20주년' 자축연회라도 베풀어야 할 마당에, 여지없이 올 초부터 진행 중인 '게임 재갈 물리기'는 급기야 넥슨의 검찰조사로 이어지며 국내 게임계엔 먹장구름이 드리워 있다.

가장 심각한 것은 게임셧다운제로, 그 법안 발의를 전후로 하여 5000을 상회하던 게임제작/배급사는 1/6수준인 800업체 수준으로 한국의 게임업계는 초토화 중이다. 그럼에도, 복지부와 일부 정신과 의사들이 주도하는 '게임중독 질병 코드 제정'은 게임계를 더 옥죄고 있음에도, 20대 국회에 재입성한 J의원 등이 '셧다운제만큼이나 강력할 '확률형 아

---

12) 더게임스의 2016년 06월 07일자 칼럼을 토대로, 일부 재구성하였음.
   http://www.thegames.co.kr/news/articleView.html?idxno=189814

이템 규제법안' 발의하였다.

온라인 게임 종주국에 걸맞는 '게임거리' 꼭 조성되어야

또한, 보수언론을 중심으로 한 '게임 때리기'도 연일 수위를 높이고 있는데, 여느 검사장의 '비상장주 특혜의혹'을 대서특필하여 게임계를 부도덕 집단으로 매도하려 혈안이 되어 있다. 설상가상으로, 표면상 무관해 보이는 정부의 '지방재정 개혁안'이 게임계의 염원인 '게임거리(안)'조성을 발목잡고 있다.

기대 이상으로 '게임거리' 조성에 관한 기초 연구용역에는 약 천 명의 게임인들이 설문조사에 참여할 정도로 뜨거웠다. 설문에 참여한 90% 넘는 이들이 세계 최초로 조성되는 게임거리의 조성에 긍정적인 의견을 보였고, 조성지 주변 상권 활성화는 물론 게임의 순기능 확산에 긍정적일 거라는 답변이 압도적이었다. 수백 개의 서술형 제안답변들에서 우리 게임인들의 아지트 격인 '게임거리'에 대한 기대와 여망을 읽을 수 있었다.

[성남시 판교밸리 일대에 조성 예정인 '게임의 거리' 상상이미지]

그런데 돌연 게임거리 조성이 시작부터 난항에 부딪쳤다. 박근혜 정부 (행자부)의 지방재정 개편안 때문이다. 작금의 대한민국 지자체 사이의 빈부격차가 심하다는 이유로 부자 지자체에서 돈을 갹출하여 가난한 시도군을 지원하겠다는 게 골자로, 명분이야 그럴 듯하지만 실효는 미지수다. 재정 상태가 열악한 강원, 충남, 경남 등의 지자체들은 겉으론 환영하고 있지만, 수혜 당사자인 안희정 충남 지사나, 경기도 의회 조차도 반대입장을 분명히 하고 있다.

게임인들이 밀집한 경기도 6개 시(수원, 성남, 용인, 화성, 고양, 과천)의 수장들은 단식 등 초강수를 두며 반대하고 있는데, 그 중 이재명 성남시장은 '경기도 31개의 시군 중 (6개 시에서) 5천 억 강탈로 이익 볼 28개 시군이 정부조치에 반대성명을 냈다'며 이번 조치의 부당함을 SNS를 통해 호소하고 있다.

이번 지방자치 개혁안이 시행될 경우, 누구보다 게임인들은 고스란히 피해를 볼 수밖에 없다. 당장, 게임인들의 자존심을 세우고, 게임의 순기능 널리 확산시킬 게이미피케이션 콘텐츠들과 체험시설 및 랜드마크가 구축될 성남시 '게임거리' 조성사업은 중단될 위기다. 게임거리가 제대로 조성될 경우, 대한민국이 글로벌 게임메카로서의 위상도 드높일 수 있고, 국내외 관광객은 물론 해외바이어들까지도 끊임없이 몰려들게 할 진정한 '게임의 성지'가 될 수 있다.

최근 매년마다 게임을 필두로 한 IT 업계의 수천 수만 명의 우수인력들의 유출을 막을 안식처(Safe Haven)로서의 게임거리다. 현업 게임종사자와 예비 게임인들과의 생산적 교류와 결속력 강화를 통한 진정한 '게임에 관한 거의 모든 것'을 표방하고 있다. 그런데, 이번 지방재정 개혁안이 시행되면, 게임거리 조성 등의 각종 복지사업 및 편의사업 중단으로 각 지자체간 골육상쟁(骨肉相爭)의 이간질만 커지고 '국민'들만 피해를 입게 될 지경이다.

'게임거리'에 온라인게임 탄생 20주년 기념비 설립 촉구

전혀 무관할 것 같은 '지방재정개혁안'이 게임거리 조성 중단의 근본 원인이 될 수 있음을 직시해야 한다. 지방자치단체 대부분이 박근혜 정부의 눈치를 보면서 연명해야 하는 '식물지차체'로 좀비(Zombie)화시킬 이번 지방재정개혁안은 즉시 철회되어야 하며, 게임거리 조성 사업을 포함한 주요 지자체들의 창의적 정책사업은 속도를 내야 한다. 이제는 중국에 왕좌를 넘겨주게 된 '게임종주국'의 자존심 회복을 위해서라도 게임거리는 반드시 조성되어야 한다. 게임거리 조성 예정지는 주요 게임사들이 밀집되어 있어 우리나라 게임매출의 절반을 뿜어내는 세계 유례없는 '게임특구'로서 발전가능성이 높은 곳이기 때문이다. 필요하다면, 우리 게임인들이 나서서 지방재정 개편안 저지 100만 명 서명에 동참해야 한다.

나아가, 20년 전 온라인 게임을 창조해낸 자부심으로 언론과 정치인의 '게임 때리기'에 더 이상의 빌미를 줘서는 안 된다. 뉴스의 의혹 당사자는 나서서 적극적 해명도 하고 잘 못된 점이 있으면 바로 잡아야 한다. 좀 더 주도적이고 적극적으로 '게임중독 질병화 코드' 제정 저지와 '확률형 아이템 규제법' 발의 저지 그리고 대대적인 '게임셧다운제 폐지

운동' 등 정치적 결집이 필요한 때이다. 내친 김에, 게임인 모두가 십시일반 함께 참여하여, 온라인 게임 종주국 위상에 걸맞는 '온라인게임 탄생 20주년 기념비'를 게임거리 조성 예정지에 세우면 어떨까?

문화·예술로서의 게임[13]

게임은 게임일 뿐, 무슨 문화고 예술이냐면서 힐난하는 게임인들도 상당수다. 게임은 그 본질의 규명도 쉽지 않거늘, 문화에서 다시 예술에까지 영역을 넓히는 게 녹록한 일은 아니다. 그렇다고, 언제까지 게임은 게임 그 자체에만 매달리는 태도 역시 바람직하지 않다.

'게임'의 본질을 깊게 파고드는 것도 좋지만, 예부터 체계화된 문화·인문학이나 미학적 접근이 본질에 더 가까울 수 있다. 이 맥락에서, 게임은 이미 문화로서 충분히 적격하며, 예술로서도 손색이 없다.

다행히, 19대국회 김광진 의원을 위시한 게임인들의 노력으로 '게임예술법(가칭)'을 발의했었고, 20대 국회에서도 김병관 의원도 재발의한 상태다. 기왕에 발의한 게임예술법 통과를 위해 전력투구를 해도 역부족인데, 해당 의원실도 훨씬 더 노력해야겠지만 주무부처와 게임인들도

---

13) 2017년 7월 20일, 국회에서 개최된 '새정부 게임생태계 상생발전을 위한 게임정책 간담회' 자료집 중, 『게임생태계 상생발전을 위한 제언 /김정태』 중 일부를 재구성하였음.

http://dl.nanet.go.kr/SearchList.do?query=새정부%20게임정책&homepageSearchYn=Y

[2014년 4월 25일, 국회에서 김광진 국회의원과 게임인들이 공동 개최한 '게임:중독인가, 예술인가?' 게임정책 토론회에서, 게임의 예술로서의 지위 획득에 대해 모색하였다]

힘을 보태야 한다. 진정 게임생태계의 상생과 발전을 위한다면, '문화예술법'의 테두리 안에 '게임'도 포함되길 학수고대하는 게임인들을 위해 법안통과에 집중할 때다.

문체부는 당장의 가시적인 게임정책에 조바심을 낼 게 아니라, 게임예술법 통과를 최우선 과제로 삼았으면 한다. 이 법이 통과하면 게임인들의 위상은 자연히 높아진다. 일부 게임인들은 게임예술법을 크게 실감 못 하겠지만, 문화예술로서의 게임창작과 게임연구는 게임생태계의 지속가능한 미래의 기폭제가 될 것이다.

무엇보다 게임연구자들은 자존감 높은 게임연구와 사회 참여활동이 가능해진다. 기존 연구가 게임학의 토대를 위한 게임 제작상의 기술적, 그래픽적 연구들이 주를 이루었다면, 법통과 후엔 게임학의 체계적이고 폭넓은 연구와 창작활동도 가능하다. 게임장르와 소재의 확대연구 및 실험적이며 작가 주의적 게임예술의 고찰도 가능해지며, 예술향유자로서의 플레이어에 대한 폭넓은 담론과 서사연구도 가능해진다.

[2014년 4월 25일 개최된 '게임 : 중독인가, 예술인가?' 토론회 포스터]

또한, 게임이 예술적 지위를 확보하면, 활발한 문화사회적 이슈에 적극적 개입이 게임계에서도 가능하다. 이렇게 되면 자연스럽게 게임에 대한 부정적 편견은 시나브로 해소될게 자명하다. 게임을 바라보는 곱지 않은 편견의 극복이 가능하고, 문화로서의 게임에 수긍하고, 창작품으로서 게임이 지닌 '예술성'에 대한 사회적 긍정적 견해가 확산될 것이다.

더욱 중요한 것은, 매출에 급급해 '돈'이 되는 '개발'에만 치중했던 게임제작 환경에서 벗어날 수 있다. 당장 게임사 임직원들의 마인드부터 '개발'에서 '창작'으로 전환되기만 한다면, '게임개발'의 '업무'를 하는 '직원'을 넘어 '게임작품'을 '창작'하는 '예술인'으로 치환될 것이다. 물론, 법안이 통과되어도 게임계 전체의 공감대 형성과 당국의 제도정비와 실행까지는 상당한 내홍(內訌)이 있겠지만, 게임인들의 의지와 시간문제다. 게임이 예술로 인정받게 되면, 이슈가 되는 열악한 개발환경은 창작자들과 경영진들 간의 '옵션'으로 취택이 가능해지지 않을까?

정치와 게임생태계

셧다운제, 확률형아이템 문제 싹틔워 ㅣ '사이버 망명'을 바라보는 '게임인'의 시선 ㅣ 대한민국 '게임인'은 '시지프스'인가?
ㅣ 게임인들의 정치세력화 필요 ㅣ 게임인의, 게임인에 의한, 게임인을 위한 정치 ㅣ 게임중독, 질병으로 관리 - 반대
ㅣ 샤머니즘에 농락당한 게임계 ㅣ 게임계와 문화계 블랙리스트

Gamification

셧다운제,
확률형아이템 문제 싹틔워[1]

Game

지난 달 양대 학회와 게임인연대가 주관한 '게이미피케이션@정치 : 게임은 정치다'[2]토론회의 의제들 중, 특히 '확률형아이템'은 패널들은 물론 방청석 게이머들의 공방 또한 뜨거웠다. 이 토론회에서 주목할 만한 점은, 게이머(플레이어)들의 반응이었다.

[2014년 4월 25일, 중앙대에서 '게임은 정치다' 토론회를 개최하였다]

---

1) 더게임스의 2015년 07월 15일자 칼럼을 토대로, 일부 재구성하였음.
   http://www.thegames.co.kr/news/articleView.html?idxno=184453

2) '게이미피케이션@'는 필자가 '게임화'의 확산을 위해 처음 고안하고 제안한 도상적 표현이다. '게이미피케이션@정치'는 '정치(권)에서의 게임화'라는 의미이다.

제3회 게임 등 미디어콘텐츠 토론회

게임은 정치다

주제: 게이미피케이션@정치 : 게임은 정치다!
확률형아이템 법안/공모전/전시회 등 중심으로

• 일시 : 2015년 3월 27일 15:00-18:00 (예정)
• 장소 : 중앙대학교 아트센터 301동 904호(중대 후문 적색건물)

개회 이원형(한국컴퓨터게임학회 회장, 중앙대 교수)

발제 게이미피케이션과 정치 (진중권)
　　　인디게임의 입장에서 본 심의제도 (김성완)

좌장 김정태 (게임인 연대 대표, 동양대 교수)

토론 진중권 (기술미학연구소, 동양대 교수)
　　　이재홍 (한국게임학회 회장, 숭실대 교수)
　　　김성완 (인디라/인디게임개발자 모임 대표)
　　　황성익 (한국 모바일 게임협회 회장)
　　　정부(or 지자체) 관계자 등

의제 게임규제 ? : 중독광고, 확률형아이템 법안 발의
　　　게임진흥 ? : 게임공모전, 게임행사지스타, 인디게임)지원

• 주최/ 주관 : 게임인연대, 한국컴퓨터게임학회, 한국게임학회 동양대기술미학연구소 • 후원 : 한국 연구 재단

[2014년 4월 25일 개최된 '게임은 정치다' 토론회 포스터]

게이머들은 이전까지의 정치권의 법안이 발의될 때마다 십중팔구 이 상은 게임을 '규제'하려는 악법이라며 강한 거부감과 저항감을 표시했 다. 이전까지의 게임 법안들은 정치인들이 게임을 표를 얻기 위한 수단 으로 이용하는 것 같은 속내가 뻔히 들여다 보여서 게이머들이 반발하 였던 것과는 다른 양상이다.

　이번 확률형 아이템 법안 발의는 게임 소비자(게이머, 플레이어)들의 요구에 부응한 정치권이 몇 몇메이저 게임사들의 횡포(?)를 파고든 법안 으로 게임 소비 문화 세태를 잘 반영했다는 점에서 '정치'의 게임화가 먹 히고 잘 먹혀들고 있다는 생각이 든다. 확률형 아이템 법안은 발의되자 마자 상당수의 게이머들이 온라인상에서 이를 옹호하다못해 환영하는 분위기가 팽배해 있고, 이를 반영하듯 모처럼 마련된 오프라인 게임토 론회에 직접 참석한 방청객들은 '확률형 아이템'의 필요성을 제기하는 질문들을 쏟아냈다.

　확률형아이템의 첫 등장에 대해서는 의견은 분분한 가운데, 디스이스 게임의 4월 7일자 기사에서는 국내에서 2005년 7월 확률형 아이템이 처 음 등장한다고 적시한 바 있지만, 일각에서는 2000년 초반에 이미 유명 게임에서 이미 시도되었다고 주장하기도 한다. 그렇다면, 대체 정치권에 서 확률형 아이템 법안이 발의되어 게임계를 초긴장시키게 된 배경과 이 유는 무엇일까?

　여러 가지 이유와 배경에 대한 시나리오가 가능하겠지만, 업력(?)있는 게임 개발자들에게 가장 설득력을 얻고 있는 시나리오는 이렇다. 요약 하면, 2000년 초 온라인 게임의 전성기도 잠시, 온라인 게임시장의 과당 경쟁으로 인해 정액제 요금이 파괴되고, 2004년 셧다운제의 필요성에 대한 강력한 주장이 제기되면서 그 싹이 움트기 시작했다는 주장이다. 그 후, 2011년 셧다운제가 시행되기까지 6년이라는 기간 동안, 언제든 닥칠지 모르는 게임규제의 공포(?)와 이미 레드오션으로 접어든 '게임업계'에서 어떻게든 살아남기 위한 궁여지책으로 '확률형 아이템' 판매는 불가피하게 되었다는 것이다.

확률형 아이템의 씨앗은 부분 유료화?

1990년대 말, IMF 이후, 인터넷과 PC방의 확산에 따라 온라인게임회사들이 상종가를 치면서, 너나없이 온라인 게임제작에 뛰어든다. 캐쥬얼 게임부터 프리미엄 급(고 예산의 RPG류)의 게임들까지 다양한 장르의 게임들이 플레이어들에게 기쁨을 준다. 여기까지는 문제가 없다. 문제는 과금(돈)이다. 2000년대 초반, 정부(정치권)의 주도적인 벤처육성 정책으로 돈 깨나 번다는 온라인 게임사들이 속속 등장한다. 이에 게임 개발사에 과도한 자금들이 몰리게 되고 그렇게 되면서 출혈경쟁이 시작된다. 통상적인 정액제 요금이 파괴되기 시작한다.

이른바 고포류의 보드게임이나 비교적 저예산으로 제작이 가능했던 온라인 캐쥬얼 게임에서나 통용되던 '부분 유료화' 과금 모델이 '프리미엄급 게임들'에도 적용되기 시작한다. 연인원 수십 수백 명이 수십 수백 억 원을 들여 만든 게임을 무료로 즐길 수 있다니, 플레이어 입장에서는 입이 귀에 걸릴 일이다. 이른바 오베족(주로 새롭게 오픈베타 서비스되는 온라인게임만을 즐기는 플레이어)이 양산된다. 혹자는 이 부분 유료화(Free to Play)를 두고, 저명한 미국의 저명한 게임 서적들에서는 '진정 플레이어를 위한 과금방식'으로 극찬하기도 한다.

당초 오픈베타 서비스 후, 상용화 시점에서는 정액제 유료화 모델을 표방했던 온라인 게임들은 머지 않아 대부분 부분 유료화 모델로 전환할 수밖에 없는 구조로 바뀐다. 지금은 상업적으로 성공한 손꼽는 몇 개를 제외하고는 그나마도 온라인 게임을 제작되는 회사는 찾아보기조차 어렵다. 플레이어 유치경쟁을 위해 정액제 모델을 포기하고 무료서비스 후 아이템 과금을 유도하면서 '확률형 아이템'들도 얼굴을 내밀기 시작하게 된다. 수십 억의 제작비가 투여된 프리미엄급 게임은 공짜 플레이어들을 빨아들이기에 충분했고, 마법같은 게임세계를 무료로 탐닉하던 게이머들은 적절한 아이템들을 향해 기꺼이 지갑을 열었다. 그렇지만 이러한 게임제작사와 플레이어들 간의 '허니문'이 깨지게 된다.

확률형 아이템을 싹틔운 셧다운제?

그러던 중, 하늘 높던 온라인 게임의 종주국의 위상이 유명무실해졌던 사건이 있었으니, 바로 셧다운제다. 2004년 이를 도입해야 된다는 목소리가 나오기 시작하여, 결국 2011년 11월 국회를 통과하여 현재 시해중인 청소년들의 수면권을 이유로 청소년들의 게임 접속을 강제로 금지시키는 법안이다.

셧다운제의 시작은 2004년 10월 '청소년들의 수면권 보장'을 이유로 몇몇 시민단체들이 도입을 촉구하면서부터다. 처음에는 일부 시민단체들이 주축이 된 형식을 취했지만, 곧 바로 정치권이 개입된다. 2005년 7월 당시 한나라당(현, 자유한국당)에서 '셧다운제도'가 입법발의 후, 입법시도까지 되었지만 무산된다. 2006년 10월 역시 한나라당에서 '장시간 이용시 패널티'를 골자로한 셧다운제가 발의되었지만 무산된다. 결국, 2008년 7월에 현행 셧다운제의 골격을 포함한 법안이 한나라당에 의해 발의 후, 2009년 4월 통합민주당(현, 더불어민주당)에서 좀더 강화된 법안을 발의하고, 2010년 6월에 문광부와 여성부 등이 합의안을 마련하기에 이른다. 결국 2011년 11월 20일 국회본회를 통과되고 셧다운제가 시행된다.

[셧다운제 시행 후 개최된, '게임은 문화다' 대토론회에 많은 게임업계 관계자들이 참석하여 관심있게 지켜보고 있다.[3]]

---

3) 사진출처 : 뉴스토마토의 2013년 12월 12일 기사에서 인용
　 http://www.newstomato.com/ReadNews.aspx?no=426493

게임 등 미디어콘텐츠업계의 반발은 물론, '신데렐라법'이라며 세계각국의 언론들도 비난을 쏟아내었지만, 일단 통과된 법률안은 되돌리기가 쉽지 않았다. 게임을 비롯한 문화콘텐츠업계의 반발에도 아랑곳하지 않고 2014년 4월에 헌법재판소는 셧다운제 합헌 결정까지 또 다시 내리게 된다. 문제는 바로 이 셧다운제가 처음 발의되면서부터 온라인 게임에 대한 사회적으로 부정적 인식이 팽배해지는가 싶더니, 더 이상 대한민국은 온라인 게임 종주국의 왕좌를 내려놓게 된다.

더군다나 때를 같이하여 아이폰을 위시한 스마트폰(기기) 전용 게임들이 급부상하게 되어, 온라인 게임사들의 수익성은 날로 악화의 길로 접어든다. 이렇게 되면서, 그나마 유지하던 충성도 높은 고객들의 눈치를 보며 온라인 게임사들의 눈물겨운 수익성 확보 노력이 계속된다. 그러면서, 자연스레 회사의 경영진이나 게임기획자들은 간편하게 수익성 확보가 가능한 '확률형 아이템'들을 무리하게 남발하면서 게이머들의 원성을 사게 된다. 가뜩이나 넘쳐나는 온라인 게임이며 스마트폰 상의 무료게임들을 속에서 수익을 거두기는 낙타 바늘구멍 통과하기만큼 어렵게 되었다.

플레이어들도 처음엔 무료로 게임에 접속하지만 판타스틱한 매직서클을 탐험하다 보면, 게임 시간을 단축시켜 주거나 성능을 강화시키거나 한껏 뽐내고 싶어지는 충동을 느낀다. 바로 이때를 기다려 나타나는 게임플레이에 필요한 아이템들, 그 중에서도 '확률형 아이템'들을 접하게 되면 뿌리치기 쉽지 않다. '결정적 분기점'에서 마주친 '확률형 아이템' 이라니! 플레이어들과 게임사들간의 숨막히는 확률게임 플레이가 펼쳐지곤 한다. 피라미드 상층부에 도달하기 위한 하층민들의 경쟁심리가 '확률놀이'로 재현되는 것이다.

정치인이 게임법안 발의하면 게임산업계는 발만 동동

게임의 본질 중의 하나인 '확률성(우연)'을 정치인이 관련 법안을 발의하면서 게임 산업계는 발등에 불이 떨어졌다. 게임 대기업들을 대거 회원사로 두고 있는 K-IDEA는 기왕에 준비해 두었던 '자율규제안'을 다시 정비하여 곧 시행안을 발표하겠다며 서두르고 있다.

정치권도 게임 산업계도 양쪽 모두 재고해야 한다. 그 이유는 '규제'라는 말에서 오는 '강제'력이다.

> 게임은
> 흥미로운 선택의 연속이며[4],
> 자발적이고,
> 시공간에 있어 개별적이고,
> 불확실하고,
> 비생산적이며,
> 규칙의 지배를 받는 허구적인 요소를 가진 행동[5]

이다. 이를 법안으로 강제하여서는 절대 안 되며, '자율'이라는 이름으로

---

4) 시드 마이어, 1999.

5) 로저 카유와, 1961.

'규제'하는 것은 더더욱 옳지 않다. 이런 게임계의 명사들의 게임의 정의를 꼭 인용하지 않더라도 '우연(확률성)'은 게임에서 아주 중요한 의미를 갖는다. 특히 바쁜 현대를 살아가는 플레이어들에게는 더더욱 그렇다. 게임 내에서의 불확실성 즉, 확률적 속성은 바쁜 플레이어들의 승부욕을 불태우는 또 다른 경쟁을 유발한다. 이기고 싶은(더 세지고 싶고, 포인트를 더 많이 빠르게 취하고 싶은) 승부욕, 그것도 빠르고 편리한 방법으로 다다를 수 있다면 더 없는 통쾌함을 느끼게 됨은 자명하다.

정치권에서 발의한 '확률형아이템 법안'처럼 무시무시한 법률용어나, K-IDEA의 '자율규제안' 등에 대해서는 게임을 플레이하는 '게임의 소비자'나 '게임 개발자'들의 입장에서는 용어도 낯설고 복잡하다. 게임하는데 무슨 법안이니 규제를 공부(?)해야 한다는 말인가?

정치판에서는 이와 같은 게임관련 법안들을 무기로 '확률형' 아이템격인 '금배지' 득템을 위한 필사의 노력을 한다. 정치인들은 그야 말로 모든 걸 건다. 국회의원들은 표를 위해서라면 전직도 마다하지 않는다. 머슴이 되기도 하고, 철새가 되기도 하고, 그야말로 정치인들은 표를 위해서라면 못하는 게 없다. 국회의원들은 심지어 '게임산업'을 자신들의 표를 얻기 위한 도구로 사용한지 이미 오래다. 여야 국회의원들은 정치를 위해서 자신들의 '레벨업'을 위해서 그리고, '국회입성'이라는 아이템을 획득하기 위해서 저마다가 고군분투한다. 죽기 살기로 플레이한다.

그렇다면, 우리 게임인들은 어떠한가? 게임인들에게는 낯선 정치적 공세에 대한 대응체계가 준비되지 않은 상태다 보니, 우왕좌왕하는 모습이 역력하다. 말하자면, 게임은 이쪽저쪽 할 것 없이, 정치인들의 먹이거리가 되지 오래다. 일각에서는 '게임만 잘 만들고 잘 플레이하면 되지,

뭘 자꾸 정치권의 규제에 신경을 쓰는가?'라며 냉소적인 반응을 보이는 이도 있다. 게임산업계의 소극적인 대응은 더욱 안타깝다. 이런 게임관련 법안들이 나올 때마다 일일이 대응하는 것도 신물이 날 지경일 것이다. 그도 그럴 것이 각종 게임법안들이 준비단계에 이르게 되면, 정치권과 언론에서 각종 회의와 압력 등으로 죄어올 것이 틀림이 없으니까 말이다.

가뜩이나 막대한 자금동원력으로 중무장한 중국과 유럽의 거대 게임기업들이 국내 게임산업을 초토화시키고 있는 마당에서, '게임법안' 한두 개가 발의되었다고 해서, 일일이 그 쪽에 신경을 쓰고 대응하다가는 생존자체가 위협을 받을 수 있다는 강박이 있을 수 있다. 그보다는, 사업가적 마인드에서는 정치적 이슈의 소용돌이 속으로 빨려들게 되면, 결국 셈 빠른 그들의 계산법으로는 익 보다는 실이 훨씬 많기에 그저 묵묵부답으로 일관하면서 누군가 이런 문제를 알아서 해결해 주기만을 바라는 양상이다.

그럼에도, 이번 확률형 아이템 법안 사태를 계기로, 우리 게임인들은 과연 게임산업 발전을 위해 과연 무엇을 해왔나 돌이켜 보며, 게임인들이 할 수 있는 방안을 모색해야 한다. '게임'이 우리사회에서 문화와 예술, 그리고 당당한 산업으로 인정받기 위해서는, 게임 소비 진영과 게임 개발진영 양쪽의 노력이 필요하다. 이를 위해 정치인들이 교통정리를 해주길 기대해서도 안 된다. 정치인들이 게임산업 속으로 더 파고들기 전에, 우리 게임 소비자진영과 게임 개발자 진영 그리고 게임 연구자 진영, 들까지 이름하여 '게임인'들이 함께 현안을 헤쳐나가야 한다. 향후 게임인들이 실천해야 할 방향을 몇 가지 제시하고자 한다.

게임인의 정치화가 필요하다.
이제는 더 이상 정치권에 끌려 다녀서는 안 된다.

1. 우선, 게임인들의 상호신뢰와 존중이 시급하다.

게임 개발진영(게임사)은 게임 소비자(게이머, 플레이어)들을 진정성있게 대해야 한다. 게임 플레이어들이 자산이고, 플레이어들이 밥줄이며, 플레이어들이 게임산업의 미래다. 게임의 본질과 플레이어들을 기만하는 얄팍한 상술과 눈속임을 경계해야 한다. 또한, 게임 소비자들도 과도할 정도의 요행이나 공짜게임에 연연하지 않는 성숙한 게임플레이가 요구되며, 게임제작사에 과한 요구도 자제하여 상호 신뢰관계 구축이 절실하다.

2. 게임인들은 이제 큰 목소리를 내야만 한다.

불합리하다고 생각되는 '확률성 아이템'이나 여타의 부당한 게임사의 횡포에 대해서는 제대로 목소리를 내야 한다. 경우에 따라서는 '게임인(소비자, 개발자, 경영진, 연구자, 학생 등)'의 권익을 증진을 위한 법안을 지속적으로 연구해서 발의해야 할 것이며, 그런 정치인이 있다면 긴밀한 유대관계를 맺는 것도 중요하다. 이른바 '게임인들의 정치화'가 필요하다는 말이다. 이는 정치인들이 '게임'을 강제하는 법안을 만들 수 있는 빌미를 주지 않도록 하는 선제적인 의미에서의 '정치화'를 말한다. 또한 필요하다면, 유명인들의 목소리를 빌릴 필요도 있고 함께 현안에 대한 연구와 고민도 필요하다. 게임업계에는 주변인 일 수 있는 J교수도 '게임화'되어 가고 있으며, '게이미피케이션'을 함께 연구하고 책도 내는 식으로 말이다. 이제 게임산업은 우리 자신이 지켜야 한다는 마음으로 게임인들은 한 목소리를 내야만 한다.

3. 게임인 주권회복(순기능 확산과 자정노력 등의 인식제고)을 위한 노력이 절실하다.

게임양성화를 위해 과연 우린 얼마나 노력을 하고 있는가? 과연 우리 게임인들은 우리의 주권을 지키기 위해 무엇을 하는가? 정치권은 '게임산업'을 제물로 하여 자신들의 표를 일구려고 여·야 할 것 없이 혈안이다. 정치권에서 노릴 수 있는 '페인포인트(약점)'를 제대로 찾아내어야 한다. 게임인들이 스스로 나서서 선제적인 대비책을 마련하고, '감시기구' 역할을 할 수 있어야 한다. 불합리한 것들은 우리가 알아서 미리 수정하고 변화시켜야 한다.

끝으로, 이번 확률형 이슈를 거울삼아 게임인들 모두가 상호신뢰하고, 당당한 목소리를 낼 수 있는 계기가 되길 바란다. 대한민국의 게임판(?)에도 기기묘묘한 행태로, '게임의 정치화' 바람이 불길 기대해본다. 차기 정치선거에 '게임'을 잘 이해하는 그리고 '게임인'들을 위하는 정치인의 탄생을 기대하는 것은 아직 무리일까?

'사이버 망명'을 바라보는 '게임인'의 시선[6]

카카오톡 대화 내용의 정부 검열 의혹이 불거져 나오면서 '사이버 망명'이 번지고 있다. '망명'은 혁명 또는 그 밖의 정치적인 이유로 자기 나라에서 박해를 받고 있거나 박해를 받을 위험이 있는 사람이 이를 피하기 위하여 외국으로 몸을 옮기는 것을 말한다. 사이버 망명은 '망명'의 본 뜻보다 더 나아가긴 했지만, 우리 국민들의 일부는 사이버 상에서 박해를 받을 위험이 있다고 판단을 하고, 박해의 위험이 없는 곳으로 사이버 거처를 옮기기 시작했다.

관련기업의 창업주가 이야기한 대로 우리가 화내야 할 첫 대상은 카카오가 아닐 수도 있다. 카카오는 일단 피해자일 수도 있다. 그러나, 이 다음카카오의 사과문 공지나 경영자들의 태도를 보면 화를 키우고 있다. 받아들이기 힘들면 '이민'을 가라거나, '비겁한 중생'들이라고 비하하거나, 급기야는 카카오톡 사용자 모두를 대상으로 '소'를 떠올리게 하는 '외양간 프로젝트'를 열심히 진행 중이다. 이에 더하여 신주 발행시

---

6) 블로터의 2014년 10월 20일자 칼럼을 토대로, 일부 재구성하였음.
   http://www.bloter.net/archives/210228

기와 절묘한 타이밍에 기자회견을 열어 '실시간 감청 불응'이라는 초강수까지 두는 듯했지만, 카카오톡 상의 '간첩접선' 의혹까지 제기되면서 사태는 더욱 더 점입가경이다.

이러한 다음카카오 측의 일련의 과정을 국민들이 액면 그대로 볼 리 없다. 최고의 성공한 엘리트를 자처하는 이 회사의 경영진들의 대응은, 국민 모두를 '호갱'으로 보는 현 정부의 그것과 크게 다르게 보이지 않는다. 혹시 정부와 카카오측이 '대화합'의 거래 후의 상호 막가파식 행보들을 연출하는 것은 아닌지 하는 생각까지 들게 할 정도다.

정부는 철퇴를 내리고, 철퇴를 맞은 다음카카오의 임직원들은 처음엔 당황한 기색이 역력했다. 얼마 지나지 않아 오만한 태도의 대응을 보이더니, 돌연 개인정보 보호를 명분으로 논란을 가중시키는 형국은 석연치 않다. 4천 만이 넘는 카카오톡 이용자들에 대한 최소한의 기본적인 예의도 갖추지 않는 일련의 행위들은 정상적이어 보이지 않으니, 사이버 망명객들의 행렬이 오늘도 줄을 잇고 있는 것이다.

한편, 박근혜 정부는 출범하면서, '창조경제'로 새로운 역사를 창조하자고 공언을 해왔다. 그런데, 대통령은 '창조'적일지 몰라도, 현 정부의 관료들은 모두 창조에서 멀어지는 정책과 규제들을 쏟아내고 있다. 그도 그럴 것이, '창조경제'의 대표적인 성공사례로 '다음카카오'를 더 키우고 발전시켜 글로벌 기업으로 일구어내도 시원치 않은 시점에 사이버 사찰이 웬 말인가?

어쩌면 카카오 사태와 사이버 망명은 이미 예견되어 있었다. '창조경제' 정부가 출범하자마자 늠름하게 발의된 '4대 중독법'으로 거슬러 올라간다. 일명 '게임중독법'이라고도 불리우는데, 2013년 4월 30일에 새누리당 S의원을 필두로 한 14인의 국회의원들이 발의한 〈중독 예방·관리 및 치료를 위한 법률안〉이 4대중독법이다. 이 중독업에는 도박, 마약, 알콜 그리고 '게임 등 미디어콘텐츠'를 한데 묶어 '콘트롤 타워'를 두고 통합관리하겠다는 취지다.

그런데, 공공연히 알려진 비밀 중의 하나는 4대 중독법의 원안은 도박, 마약, 알코올, '인터넷'이었다고 한다. 그러한 징후가 드러나는 대목이 자주 드러나는데, 게임중독법을 발의한 측에서 제시하는 중독 관련 자료들의 대부분이 '게임중독'의 수치는 오간데 없고, '인터넷 중독'의 수치들 일색이니 말이다. 결국 '인터넷'에 재갈을 물려 국민여론을 장악하고 통제하려 여론의 뭇매를 맞고, 애먼 '게임' 쪽으로 불똥이 튄 형국이다. 그렇기에 더더욱 '게임 등 미디어콘텐츠'를 포함하는 4대 중독법이 철회되어야 하는 이유가 여기에 있다. 바로 '게임 등 미디어콘텐츠'가 바로 인터넷 서비스의 핵심이기 때문이며, '게임'을 포함한 중독법이 시행되면, 지금 야단법석인 카카오톡이 문제가 아니라 '거의 모든 인터넷 서비스'가 중독물질의 멍에를 짊어지게 될 판이다.

'인터넷 서비스'와 게임서비스는 불가분의 관계다. 카카오톡은 우리나라 '게임산업'의 아주 중요한 퍼블리싱 플랫폼이 된 지 오래다. 문제의 심각성은 단지 무료 문자만을 주고받는 이들의 사이버 망명이 아니다. '카카오 왕국'이 쓰러지면 인터넷 서비스 관련 종사자들의 생존이 심각히 위협을 받게 되고, 단지 사이버 망명으로 끝나지 않는다. 현실세계에서의 인터넷서비스 관련 개발자들(특히 게임 개발자들)의 대규모 이민사태를 촉발시킬 수도 있다. 개중에는 타국의 대체메신저로 이동하는 미봉책을 제시하지만, 그렇게 되면 결국 어부지리로 누가 득을 보게 될까?

벌써부터 게임업계에서는 '게임인'들의 망명은 간간히 계속되어 오고 있다. 정확한 통계는 없지만 2천년 초반 그러니까 10년 전 정도로 거슬러 올라간다고 볼 수 있다. 당시에도 이미 국내의 이러저러한 규제로 줄도산한 게임회사들의 경영자들은 재기를 꿈꾸며, 그리고 핵심개발자들은 궁여지책으로 망명을 시작했다. 한국은 규제로 몸살을 앓았지만, '온라인 게임 한류 바람'이 불면서 중국을 위시해서 아시아 곳곳으로 대한민국의 게임개발자들은 큰 몸값을 제시받으면서 한국을 등지기 시작했다. 2006년 전후에 게임인들의 망명은 훨씬 더 심각했다. 안이하고 무책임한 정부 위정자들의 책임방기로 사회적 문제가 극에 달해서 결국 아케이드 게임 산업은 초토화되었다. 그에 따른 후유증으로, 게임인들의 일부가 한국을 떠나 중국으로 아시아로 유럽으로 미국으로 몸을 옮겼다.

당시 초기의 망명은 살기 위해 궁여지책으로 혹은 특정분야 기술의 효용성에 기인한 선택적 망명이었다. 그럼에도 그 여파는 너무도 거세서, 관련 주변 기업들의 줄도산을 일으키고 일부는 세상과 연을 끊기까지도 했다. 후일을 기약하며 망명길에 오른 게임인들은 국내에서 소위 잘 나간다는 핵심 개발자도 상당수 있었다. 국내 게임산업 정책이 오락가락하는 사이에, 온라인 게임의 핵심개발자들이 한국을 등지게 되는 것이다. 그렇게 떠났던 망명은 대개 안좋은 소식만 귀에 들린다. 핵심기술만을 쪽 빨고 '팽'당했다느니, 지금은 음식점으로 근근히 살아간다느니, 전혀 다른 일을 한다느니 말이다. 등 떠밀리다시피 떠난 망명자들이 아마 다시 자기 전공영역으로 돌아올 가능성은 희박해 보인다.

사이버 망명이 심각한 이유는 '광범위성(廣範圍性)'과 '일시성(一時性)'

에 있다. 게임산업을 포함하여 인터넷 서비스 업계 전체의 생존을 위협하는 사이버 방명이 순식간에 대규모의 엑소더스(사용자 급감과 핵심 개발자 이탈에 따른 대량 실직)로 번질 가능성을 배제할 수 없다. 가뜩이나 일자리도 부족하고 경기불황에 힘겨운 시기이다. 지칠대로 지친 대한민국 국민들에게 힘과 용기를 주어야만 할 판이다. 새롭게 갓 출범한 '다음카카오'호가 좌초될까 염려되고, 대한민국 국민플래폼 '카카오꽃'이 제대로 피지도 못하고 땅에 떨어질까 걱정이다.

그야말로 '창조'적인 국민적 합의가 필요한 시기이다. 우리가 좌충우돌 '정쟁'과 분열에 골몰하는 동안, 중국의 자본은 국내 게임시장을 송두리째 삼키기 시작하더니 일부 중국 언론에선 벌써부터 '한국개발자들의 중국 게임 베끼기'를 우려하는 기사를 쏟아낼 정도다. 더욱 주목해야 할 것은 알리바바의 시가 총액은 아마존과 이베이를 합친 것보다 많아져서 세계 전자상거래의 절대강자로 군림하기 시작했다는 점이다.

사이버 망명을 할 수밖에 없는 대한민국에서 창조경제를 기대할 수 있을까? 지금이라도 다음카카오와 정부는 석고대죄의 자세로 국민들의 마음을 헤아려야한다. 더 이상의 사이버 망명 사태를 방치해선 안 된다. 조속히 범국민적 정서를 헤아리면서 모두가 납득할만한 창조적인 해법을 내놔야 한다. 정부는 서슬퍼런 권력의 칼을 거두고, 더욱더 국민들과 진심을 담은 소통과 그에 따른 '실천'이 필요하다. 다음카카오는 조직 내에 번져 있는 '대마불사(大馬不死)'의 진부한 경구의 '안일'과 '오만'함을 던지고 초심으로 돌아가서 '국민'을 제대로 섬겨야 한다.

지금의 사이버 망명이 유신시대의 망령을 다시 떠올리게 되는 것은 왜일까?

대한민국 '게임인'은 '시지프스'인가?[7]

대한민국에는, '시지프스(Sisyphus)'처럼 '멍에'를 지고 살아가는 이들이 있다. 바로 '게임인'들이다. 그리스신화에 나오는 '시지프스'는 끊임없이 산꼭대기까지 바위를 굴려 올리는 형벌을 받는다. 그러나, 산꼭대기에 이르면 그 바위는 그 자체의 무게 때문에 다시 아래로 굴러 떨어진다. '시지프스'는 신으로부터 무한반복의 벌을 받는다. 대한민국의 '게임인'들의 멍에는 무엇일까?

[그리이스 신화 『시지프스』를 소재로 한 게임의 장면[8]]

---

7) 한경닷컴 게임톡의 2014년 03월 03일자 기사 중 일부를 재구성하였음.
   http://www.hankyung.com/news/app/newsview.php?aid=201403035895v

8) 사진출처 : 그리이스 신화를 기록한 유물들로부터 취한 그래픽아트를 응용하여 제작한 Ace Team이 제작한 게임 화면.
   http://forums.aceteam.cl/index.php?autocom=blog&blogid=2&showentry=55

우선, 급변하는 기술변화에 대응하지 못하는 게임기업들의 도산이 심각한 지경에 이르렀다. 중소기업에겐 '온라인 게임 제작'은 그림의 떡이 된지 오래다. 그나마도 값싼 중국산이 판치고 있다. 그나마 선전하던 모바일게임 시장도, 갈수록 치열해지는 경쟁과 짧아지는 게임생존주기로 살얼음판이 된 지 오래다.

이러한 상상을 초월하는 뉴 테크놀로지의 출몰과 글로벌 무한 경쟁의 격랑 속에서, '대한민국 게임산업'은 한치 앞을 내다보기 힘들다. 이런 와중에도 몇몇 국회의원들이 앞다투어 게임규제 법안들을 발의하면서, 게임인들의 기를 꺾고 있다. 아니 생존을 위협하고 있으니, 시지프스의 형벌과 다름아니다.

셧다운제 시행에 이는 게임중독법 발의움직임에, 100여 곳에 달하는 대학 게임학과 학생들은 졸지에 마약제조 수련생으로 전락했다. 신입생 유치에 타격도 받고 졸업생들의 취업은 막막해져 가고 있다. 그뿐이랴. 게임중독 법안이 통과되면 학원 뺑뺑이에 지친 우리 청소년들의 유일한 '안식처(Haven)' 역할의 '게임'은 더 이상 동병상련 친구가 아니게 된다. 초·중·고생들까지 잠재적 범법자가 될 수 있는 '게임규제법'들을 발의자들은 무슨 수를 써서라도 통과시키려 안간힘을 쓰는 분위기다.

시지프스가 그랬듯 한국의 게임인들은 다시 굴러 떨어질 것을 뻔히 알면서도 산 위로 바위를 밀어 올려야 하는 영겁의 형벌을 받고 있는 건 아닐까? 하루빨리 게임에 드리워진 '형벌'을 종식시킬 수 있는 단초를 마련해야 한다. 어떻게든 게임 때문에 행복해 지는 세상사는 이야기도 많이 퍼뜨리고, 행복한 게임인 이야기들도 많이 알려야 한다.

시즈프스가 그랬듯이 우리 게임인들만이 할 수 있는 일들을 끊임없이 행해야 한다. 시지프스는 신화에 살고 있지만, 우리는 현실에 살고 있다. 시지프스의 형벌은 반복되지만, 게임인들의 멍에는 거두어낼 수 있을 것이다. 우리 게임인들이 행동해야 하는 이유다.

게임인들의 정치세력화 필요[9]

게임인들 중에는 '정치'에 경기(驚氣)를 일으키는 이들이 대다수다. 특히, '게임'이라는 콘텐츠를 '사업'이나 '생업'으로 삼고있는 경영인들에게는 정치는 '불가근불가원'일 게다. 정치권에게 밉보였다간 '게임회사' 자체가 날아갈 수 있다는 위기감에서 일 것이다. 그렇다고 언제까지 게임인들이 '정치'를 강건너 불구경만 할 것인가?

최근 한 야당의 온라인 입당이 문전성시다. 시작한 지 보름만에 수만 명을 넘겼다고 야단들이다. 그런데 '온라인 회원 모집(입당)'은 게임인들이 도사다. 자타공인 MMORPG(다중접속온라인게임)의 종주국의 위업을 이룬 대한민국 게임인들에게는 수만 명이 아니 수십 수백만 명을 '입당'시키는 것은 일도 아니다. 안타까운 것은 천부적인 게임인들의 '온라인' 재능을 썩히고 있다는 점이다.

---

9) 이코노빌의 2015년 12월 31일자 칼럼을 토대로, 일부 재구성하였음.
http://www.econovill.com/news/articleView.html?idxno=275967

게임인들 단결로 개념있는 게임정치인 배출해야

정치인들의 게임탄압에 대한민국 게임산업이 고사당하고 있다고 게임인들은 아우성을 칠 뿐이다. 그조차도 이해당사자들인 게임기업인들은 대부분 침묵할 뿐, 의식있는 몇몇이 소총수를 자처하고 고군분투 중이다. 게이머들도 각종 익명 게임커뮤니티에 자조적인 한탄과 푸념들만 쏟아내는 정도다. 이 아우성과 한탄과 푸념과 소총수를 집결시킬 '세력화'가 절실하지만 역부족이다. 제각각 각개전투 중인 각종 협회나 학회 등의 단체들이 연합전선을 구축하여, 게임인들의 '정치 세력화'가 필요하다.

2016년은 영리함의 대명사 원숭이의 해이다. 주특기인 '온라인' 실력을 영리하게 발휘해 '게임인들의 세력화'를 꾀하자. 더이상 게임산업에 '감놔라 대추놔라'하며 재주부리는 정치인들이 얼씬하지 못하게 하자. 언제까지 '게임인들의 잔치'에 게임악법발의 '정치인'과 그 패거리들에게 축사를 맡길 셈인가? 내년 4.13 제20대 국회의원에 선거에 온라인에서 게임인들의 활약을 기대해본다. 내년엔 게임인들의 권익을 대변하는 '게임 정치인'들을 배출할 온라인 '게임당' 하나쯤 나오길 소원해 본다.

게임인의, 게임인에 의한, 게임인을 위한 정치[10]

Game

"국민의, 국민에 의한, 국민을 위한 정치"란 에이브러햄 링컨의 말이 새삼 화제다. '버니 샌더스(74)'의 지지자들이 링컨의 '경구'를 연호하며, 미국정치혁명에 한걸음씩 나아가고 있다. 칠순을 훌쩍넘긴 샌더스[11]는 손자뻘(17~29세)의 젊은 유권자들에게서 84% 득표함으로써 대선주자로 급부상하였다.

그런데, 우리 조국 대한민국은 어떤가? 250내외의 공천권을 위해서 여야 가

[버니 샌더스(Bernie Sanders)]

릴 것 없이 아수라장이다. 정책이나 실력보다는 오로지 대통령(고위층)

---

10) 더게임스의 2016년 02월 16일자 칼럼을 토대로, 일부 재구성하였음.
　　http://www.thegames.co.kr/news/articleView.html?idxno=187786

11) 사진출처 : https://ko.wikipedia.org/wiki/버니_샌더스

의 '(헌법보다)의리와 인간관계가 먼저'인 진실한 사람들과 '붓글씨' 능력자들이 여당의 공천대상으로 거론된다. 거대 여당에 맞서 힘을 합쳐도 모자랄 판에 오합지졸 사분오열하면서 직업정치인으로 생명연장에만 골몰하는 야당의 작태는 더욱 한심하다.

민생은 뒷전인 정치인들의 이전투구야 어제 오늘의 일이 아니겠지만, '정치'라는 변수는 현재는 이제까지의 그것과는 현격히 다르다. IT 기술의 발전에 따른 O2O(online to offline) 시대가 도래하면서 정치변수는 더욱 위력을 발휘한다. 온라인과 오프라인 산업의 경계가 허물어지고 산업이 재편되면서 종전의 일자리들이 사라지거나 위협받는 살벌한 '무한경쟁' 체제에서는 '규제' 하나만으로도 웬만한 중견기업이 문을 닫기에 이르렀다.

당장 게임업계만 해도, 셧다운제와 게임마약법 발의만으로도 절반가까운 게임기업들이 사라지는 냉엄한 현실에서 '정치변수'의 심각성을 깨달아야 한다. 게임 저격 소수 정치인들에 의해 '게임산업'이 폭망하고 있다고 탄식과 댓글만으로는 안된다. 언제까지 정치를 나이든 어르신들이나 일부 식자층의 점유물로 간주하고 외면할 것인가?

정치는 우리 게임인의 일자리와 후배들의 미래와 직결되는 바로 우리 '게임인의 생존'의 문제다. 각자의 분야에서 맡은 바 열심히 살아가는 것도 중요하지만, 정치에 좀 더 적극적으로 참여해야만 게임인의 미래가 밝아질 수 있다. 게임인 여러분 하나하나가 정치에 조금씩 관심을 가지고 참여하는 길 만이 더 이상의 '한국게임 종말론'을 피할 길이며, 나아가 '헬조선'을 극복하는 지금길이다.

또다시 게임저격 국회의원들에게 당할 것인가?

게임인들의 정치 참여 없이 그냥 저절로 게임산업 위상이 높아지지 않는다. 정부의 생색내기 지원으로는 어림없다. 우리 게임인들이 정부 속으로 들어가야 한다. 우리 '게임인'들이 낸 세금으로 '게임 정치인'을 국회에 입성시켜야 한다. 오는 4.13 국회의원 총선거에 게임인들이 가만히 있으면, 제2, 제3의 '셧다운제'와 '게임마약법'을 발의하는 국회의원이 또 나올 수 있다.

그나마, 위안이 되는 것은 대형게임사 출신 김병관 의장이 국회입성 문턱에 있다. 게임인들의 기대와 여망이 큰 만큼 김의장도 게임인들을 위한 '방패막이'로서의 진정성 있는 행보를 보여주길 바란다. 그럴 때, 우리 '게임인'들 모두 혼연일체가 되어 한마음으로 국회입성에 힘을 실어줄 것이 자명하다. 그렇게 함으로써 우리 게임인은 우리 손으로 '1호 게임정치인'를 배출했다는 '자긍심'을 보상받고 레벨업 될 수 있길 간곡히 염원한다.

[2016년 미국대선에 '버니샌더스'가 게임에 등장하기도 했다[12]]

---

12) 사진출처 : http://www.politicalmachine.com/

이제, '게임인의, 게임인에 의한, 게임인을 위한 정치'를 우리가 직접 실천할 때다. 그 실천방안 중의 하나는 투표율 높이기다. 미국정치 돌풍의 주역 샌더스 조차도 "투표율이 엄청나게 높아지지 않는다면 난(샌더스) 당선되지 못한다."고 고백하고 있다. 지금부터라도 여러분들의 선거구에 어떤 후보자가 출마준비를 하고 있는지 꼼꼼히 살펴보자. 그리고, 4월 13일 선거일 당일 꼭 투표하자!

게임중독, 질병으로 관리-반대[13]

　　　　　　　　정부가 청소년들의 게임중독을 질병으로 관리하려는 움직임을 놓고 의료계 등 찬성 측과 이를 반대하는 게임 업계가 충돌하고 있다.

　지난 2월 보건복지부가 국가정책조정회의에서 게임중독의 질병코드 등록을 직접 언급하지는 않았지만 조만간 질병코드화 추진이 예견되면서 양측이 대립하고 있다. 게임중독을 질병으로 관리해야 한다는 측은 게임이 심각한 정신적·물질적 피해를 주는 질병으로 실체가 확실하며 이를 예방하는 관리체계가 필요하다는 입장이다. 반대 측은 질병으로 규정할 과학적 근거가 없으며 질병코드로 등록되면 국내 게임 산업과 수출에 심각한 악영향을 미칠 것이라고 반박하고 있다. 양측의 견해를 싣는다.

---

13) 서울신문의 2016년 05월 12일자 칼럼 [어떻게 생각하십니까?]를 토대로, 일부 재구성하였음.
　　http://www.sedaily.com/NewsView/1KWA9R8DZI

- 복지부, 부적절한 수치 인용해 여론 호도
- 정상-중독 나눌 진단설문 역시 근거 불분명
- 국제화 역행한 채 한국만 질병 지정 시도

POINT

['게임중독, 질병으로 관리' 반대의 주요 이유]

세간에서 흔히 사용되는 '게임중독'이라는 표현은 사회적 통념으로서의 '강한 몰입'을 뜻하는 과장적 수사일 뿐이다. 그럼에도 정치권에서 2013년 발의한 '게임중독법'에 이은 '게임=중독물질' 동질화 시도에 게임인들은 또 한번 근심이 가득하다. 2월 복지부가 정신건강종합대책의 일환으로 추진 중인 게임중독 질병코드 제정은 심히 우려된다. 가뜩이나 위축된 게임 산업에 찬물을 끼얹은 복지부의 게임 질병코드화 움직임은 다음과 같은 이유로 즉각 중단돼야 한다.

우선 게임을 중독의 원인이나 중독물질로 규정할 만한 과학적·의학적·통계적 근거가 전혀 없다. 게임중독 상태라며 과학적 근거로 제시하는 '게임뇌=짐승뇌' 가설은 받아들일 수 없는 조악한 수준임이 밝혀진지 오래다. 이뿐 아니라 게임중독 질병코드 제정을 위해 거론되는 통계자료도 불분명하기는 마찬가지다. 복지부는 인터넷게임 중독자가 68만 명이며 연간 5조 4,000억 원의 사회경제적 비용이 든다는 근거 없는 추정치만으로 통계 운운하고 있다. 게임중독 질병화를 추진하는 입장에서는 객관적인 통계제시가 필수인데 인터넷 과다사용 관련 수치들을 게임중독 수치로 둔갑시켜 여론을 호도하고 있다. 이는 명백한 기만이며 허위사실 유포다.

둘째, 게임중독 질병코드화는 게임 산업 자체를 심각히 위축시킬 것이 자명하다. 자칫 게임중독 질병코드 제정이 시행되면 대한민국 게임 산업은 심각한 타격을 받을 수 있다. 대한민국 게임백서 2015에 따르면 이미 우리나라 게임 종사자들의 감소세가 뚜렷하다. 게임 산업 연평균 종사자 수는 2011년부터 2014년까지 꾸준히 감소해 왔다. 주목할 것은 게임 산업 인력 감소율은 2.1%로 한계사양산업인 출판·만화보다도 더 높아 심각한 상태임을 경고하고 있다. 설상가상으로 전국 PC방 수도 2001년 2만 3,548곳으로 정점을 찍은 뒤 2010년(1만 9,014곳)부터 대폭 감소해 왔는데 2014년 PC방 수는 1만 3,146곳으로 전성기인 2001년의 56% 수준에 그쳤다. 이런 상황에서 게임중독 질병코드가 제정될 경우 게임 종사자 급감은 더욱 가속될 것이며 게임산업이 회복 불가능한 상태에 이를 수 있다.

셋째, 게임중독 질병코드 제정은 청소년들을 잠재적 '질환자'로 몰아갈 수 있다. 복지부가 게임을 마약·알코올 중독처럼 질병으로 관리하는 단계는 아직 아니라고 하면서도 인터넷게임·스마트폰에 대한 초중고등학생의 중독선별검사를 강화한다고 밝혔는데 이 또한 문제다. 그 '게임중독 검사' 또는 '게임중독 진단'이라는 것은 20여 가지의 질문에 답하는 것으로 게임중독을 고위험, 잠재적 위험, 일반사용자군으로 분류한다. 지극히 정상적인 학부모는 물론이고 학생들도 이 진단설문에 참여하다 보면 대다수가 잠재적 위험군이나 고위험군 사용자로 분류되기 일쑤다. 실제 필자의 자녀가 다니는 학교의 학생들 상당수가 게임 중독 위험군에 들었다는 가정통신문을 보내와 크게 놀랐지만 해당 학교 선생님이 이 검사 결과에 대해 너무 신경쓸 필요가 없는 관행적 검사였다는 해명으로 일단락된 적이 있다. 현재의 게임중독 진단문항보다 더 개선될 여지가 별로 없어 보이는 상황에서 게임중독 질병코드 부여가 현실화할 경우 우리 자녀들이 잠재적 질환자가 될 것은 자명하다.

게임산업에 찬물 끼얹는 억지발상일 뿐

마지막으로 게임중독 질병코드 제정 추진은 국제화에 역행하는 발상이다. 게임질병 관리를 찬성하는 측은 미국정신의학회가 2013년 출간한 다섯 번째 개정판인 '정신질환진단통계편람(DSM-5)'에서 인터넷게임장애(internet gaming disorder)가 정식으로 진단기준에 포함된 것처럼 여론몰이를 해왔다. DSM 편람은 1952년 첫 출간 이래 1996년 네 번째 출간 이후 근 10년 만에 다섯 번째 개정판 DSM-5가 나왔고 이 책자의 섹션I에는 서론과 사용법이, 섹션II에는 진단기준과 질병코드, 그리고 섹션III에는 최근 대두되고 있는 연구 대상들을 실었다. 이들이 주장하는 '인터넷게임 장애'는 DSM-5 섹션III에 실려 있으니 '향후 더 많은 연구가 필요한 사안'으로 현재 정신질환으로 결정하기 어렵고 충분한 연구가 필요할 뿐이다. 미국 정신의학계에서도 논란이 일어 향후 10년 가까이 보류된 '추가 연구주제'를 한국에서 공식 '정신질병 코드'로 지정해 관리하려는 시도는 도저히 납득할 수 없다.

과연 게임질병 코드 제정에 찬성하는 측이 바라는 것이 우리 국민들의 정신건강을 위함인지 묻고 싶다. 혹시 이들의 숙원사업을 이루기 위한 기기묘묘한 변칙대응은 아닐지 궁금하다. 게임은 이미 거스를 수 없는 대세 미디어인데 이러한 게임에 대한 몰이해에서 비롯된 억지 발상은 당장 그만둬야 한다. 잠재적 질환자들과 그 학부모들의 고통은 어찌 감당할 것인가.

샤머니즘에 농락당한 게임계[14]

지금 대한한국은 샤머니즘(Shamanism, 유사종교) 정치로 건국이래 최대의 위기를 맞고있다. 대통령이 국민을 상대한 연설에서 "역사를 바로 배우지 못하면 혼이 비정상"이라느니 "간절히 원하면 우주가 나서서 도와준다"는 표현을 쓸 때만 해도, 한국 최고 지도자의 발언으로 다소 어색하지만 그러려니 했다. 그러나 "전체적으로 그런 기운이 느껴져"라던가 "역사는 혼과 같다"는 주술적 뉘앙스의 표현들이 반복됨에 따라 의구심이 증폭되어 갔다. 그런데 이 같은 샤머니즘 표현을 대통령 연설문을 수정하여 넣은 것이 대통령의 40년 지기인 비선실세였으며, 측근들의 공모로 국정을 농단해 온 것이 밝혀져 충격을 주고 있다.

뉴욕타임즈 등 주요 외신에서까지 대통령의 '비선(Shadow Adviser)실세'를 '무당 점쟁이(Shaman Fortuneteller)'로 언급하여 국제적 망신이 아닐 수 없다. 샤먼(무당)은 초자연적인 존재와 직접적으로 접촉 혹은 교섭하

---

14) 더게임스의 2016년 11월 01일자 칼럼을 토대로, 일부 재구성하였음.
   http://www.thegames.co.kr/news/articleView.html?idxno=193243

여 소통하는 하는 이를 일컫는 말이다. '샤머니즘'이라는 말은 고(古) 아시아족의 종교체계와 현상을 지칭한 것이었지만, 점차 종교학·민속학, 인류학 등에서 세계 각지의 유사종교 현상을 의미하는 용어로서 널리 사용되고 있다. 인류학 그리고 게임학의 관점에서는 샤머니즘은 인류가 선사시대로부터 행해오던 '사냥연습 게임'의 시뮬라크르(simulacre, 재현)으로 볼 수 있다.

　따져보면, 샤머니즘의 근원은 세계 각 문화권에서 보편적 행동인 '판타지 플레이(Fantasy Play)'와 맥을 같이 한다. '판타지 플레이'는 '게임'의 원형으로 선사시대까지 거슬러 올라가는데, 이 시기엔 '게임'과 '놀이'는 거의 같은 의미로 사용되었다. 선사시대의 어른들은 먹잇감을 찾아 산으로 들로 강이나 바다에서 사투를 벌이는 동안, 아이들은 언젠가 자신들도 행하게 될 수렵채집 활동을 흉내낸 '사냥연습 게임' 즉 '판타지 놀이'를 했다. 현대에도 세계 거의 모든 문화권에서 찾을 수 있는 판타지 놀이(가짜 총칼싸움, 도둑잡기, 숨바꼭질 등)에는 어김없이 '나뭇가지'같은 매직완드(Magic wand)가 등장한다. 마법사나 샤먼도 매직완드(마술봉, 무당방울 등)를 흔들어대며 판타지플레이를 펼치는 것이다. 원시 수렵채집인이 말(언어)를 사용하면서 지식과 역사를 기록할 수 있는 고대문명인(고대인)으로 거듭나게 되고, 이때부터 가장 강력한 매직완드는 '말(언어)'이 된다.

[판타지 플레이(Fantasy Play)에서 등장하는 매직완드(Magic Wand)〉[15]]

[그레고리 라스푸틴(Grigori Rasputin, 1872추정~1916)[16]]

---

15) 사진출처 : 게임디자인원리(역자 김정태 외, 에이콘, 2014) 119페이지에서 인용

16) 사진출처 : https://ko.wikipedia.org/wiki/그리고리_라스푸틴

고대이후 샤머니즘이 처음 관찰된 곳은 시베리아로 알려지고 있다. 희대의 샤머니즘 정치로 세상을 들끓게 했던 라스푸틴(Rasputin, 1872 추정~1916)이 시베리아의 가난한 농민이었다는 사실이 우연은 아닌 듯하다. 라스푸틴은 말을 훔치다 쫓겨나 18세부터 수도원과 성지를 전전하며 '최면술'을 익혀 평판을 얻게 되어, 니콜라이 2세와 황후 알렉산드라의 황태자의 혈우병을 고쳐 황후의 총애를 받는다. 심약한 황제를 뒤로하고 황후는 중요한 모든 사안을 라스푸틴과 상의하였다. '최면술'과 '설교'라는 매직완드를 통해 황후를 등에 업은 라스푸틴은 막강한 권세를 얻어 국정농단이 극에 달하자 암살당하면서 막을 내린다.

　　우리나라의 샤머니즘도 고대사회에 신앙의 형태였으며, 고조선도 제정일치의 흔적이 남아있으며, 〈삼국사기〉, 〈삼국유사〉 등의 문헌상에는 삼국시대부터 샤머니즘 정치가 등장한다. 그 중 가장 심각한 국정농단 중의 하나는 650년 전 고려말 공민왕 시절의 신돈(辛旽, ?~1371)에 의해 자행된다. 그는 사찰 여종의 아들로 자연히 승려였지만, 신분상의 이유로 기존의 불교세력에 불만인 요승(妖僧)으로, 글을 몰랐지만에 '허황한 말'로 과부들을 꾀어 정을 통하는 것은 물론이고, 꿈 해몽을 계기로 공민왕과 가까이 하며 불교교리까지 논하게 된다. 노국공주가 죽자 공민왕은 정신적 공황상태에 빠지게 되었다. 신돈을 등용하여 공민왕은 반대파를 제압하기도 했으나, 결국 신돈은 승려의 신분에도 처첩을 거느리고 아이를 낳고 주색에 빠져 결국 처형당했다.

　　2016년 최첨단 IT 강국 대한민국에서는 수백, 수천 년 전에 횡행했던 샤머니즘이 부활했다. 대통령 비선실세의 아버지는 천도교, 불교, 기독교를 합한 영세계(靈世界)라는 샤머니즘의 교주다. 영세계 교리 '영혼합

일법(靈魂合一法)'과 '현몽(現夢)'이라는 매직완드를 흔들며, 당시 20대 초반의 영애(令愛)에게 접근하여 정신과 육체를 농락하다 10여년 전에 세상을 떴다. 그 후, 교주의 영적 능력을 가장 잘 계승한 영매(靈媒)이자 대통령의 절친은 지난 40년간 대통령의 영과 혼을 장악해 왔다는 정황이 드러나고 있다. 이 영매는 모든 사람의 접근을 차단하여 대통령을 고립된 상황에 처하게 만들어 심적으로 의지할 수 있는 유일한 샤머니즘 정치를 자행해 왔다. 대한민국 대통령은 '어머니의 혼령이 말씀하신다.'는 사이비 교주의 매직완드에 휘둘려 왔다. '대통령 연설문'은 대통령의 영혼과 다름아니거늘, 샤머니즘 교주의 딸이 '가장 좋아하는 것'이 '대통령 연설문 고치기'라는 의혹이 사실로 밝혀졌다.

영세계 교주의 딸이 대통령 휘둘러...문체부 등 관계자 물러나

더욱 소름끼치는 것은, 대한민국의 영혼에 해당하는 '문화체육관광부'의 장관은 물론 '콘텐츠진흥원'의 수장을 교주의 딸과 측근들이 쥐락펴락 해왔다는 것이다. 대체 어떻게, 대한민국 게임산업을 책임 지는 수장인 콘텐츠진흥원장이 '108가지' 방법으로 안 되게 하겠다거나 '묻어버리겠다'라는 샤머니즘적 협박을 대수롭지 않게 내뱉을 수 있단 말인가? 지금이라도 당장 샤머니즘 정치로 국정을 농단해온 비선실세와 측근들은 물러나야 한다. 이렇게 영혼을 좌우할 수 있는 샤머니즘 정치가 21세기 우리 조국에서 계속 자행되게 둘 셈인가? 샤머니즘은 게임의 원형(原形)이다. 게임 등 미디어 콘텐츠인들이 정치에 참여해야 하는 중요한 이유다. 게임인들의 지혜를 모아 샤머니즘 정치를 이끄는 샤먼과 측근들을 단죄해야 한다. 게임인들의 힘을 보여줄 때다.

게임계와 문화계 블랙리스트[17]

지금 대한민국에서는 정부와 문화체육관광부(문체부)가 연루된 '블랙리스트'의 실체가 드러나면서 파란이 일고 있다. 이 문화계 블랙리스트에 이름을 올린 단체나 인사들의 면면을 보면 전통예술에서부터 기타 문화일반에 이르기까지 다양하다. 거의 모

[문화계 블랙리스트는 알려진 것만 1만 명에 육박한다]

---

17) 더게임스의 2017년 01월 10일자 칼럼을 토대로, 일부 재구성하였음.
   http://www.thegames.co.kr/news/articleView.html?idxno=194700

든 문화산업을 망라하는데, 배우, 연극인, 시인, 연출가, 사진가, 영화감독, 공연기획자, 작가, 음악가, 미술인, 평론가, 풍물인, 전통예술, 방송, 무용, 만화, 애니메이션, 문학, 출판을 포함한다. 문화산업을 육성해야 할 전현직 문체부 고위관계자들이 문화계 블랙리스트 작성에 가담했다니 그 충격은 이루 말할 수 없을 정도다.

그나마 불행 중 다행인 것은, 블랙리스트에서 눈을 씻고 찾아봐도 '게임' 관련 단체나 '게임인'은 보이지 않는다. 한편으로는 게임계가 문화계블랙리스트의 된서리를 피했다는 안도감도 있지만, 필자를 위시한 게임인들은 '자괴감'이 들지 않을 수 없다. 우리 게임인들은 최근 몇 년간 '게임은 문화'라는 주제로 수백 명이 참여하는 토론회를 개최해 왔으며, 그 때마다 '게임'도 당당한 '문화' 산업의 반열에 올랐다는 자긍심을 피력해 왔다. 뿐만 아니라, 게임이 문화를 넘어 '예술'적 지위 향상을 위해, 국회토론회장에서까지 '게임은 예술인가?'를 주제로 열띤 토론을 벌이지 않았던가? 그런데 정작, 위정자들과 문체부 관계자들의 눈에는 '게임인'들은 '문화계'의 범주에 속하지 않은 주목받지 못하는 '이방인'이었으니 말이다.

역설적이게도 게임의 주무부처인 문체부와 한국콘텐츠진흥원(kocca)이 2016년 초에 발간한 '2015 콘텐츠산업통계'에 따르면, 게임이 '문화계' 전반에서 차지하는 비중에 주목할 필요가 있다. 특히, 문화콘텐츠산업 전 분야(출판, 만화, 음악, 게임, 영화, 애니메이션, 방송, 광고, 캐릭터, 지식정보, 콘텐츠솔루션 등)의 수출액 현황에서 게임이 차지하는 비중은 무려 56%에 이르며 약 30억 불(3.5조 원)에 달한다. 이렇게 '게임'이 차지하는 문화계에서의 비중이 상당하거늘, 대한민국 정부나 문체부 공무원들에게 '게임'은 이도저도 아닌 그저 '계륵'으로 전락할 때, 중국이 게임을 집중 관리하기 시작한 2009년을 상기할 필요가 있다.

2009년부터 우리나라의 정부산하 유사기관의 통합 정책이, 한국게임의 위상 추락에 큰 몫을 했다고 볼 수 있다. 2009년 5월, 한국정부는 문체부 산하의 '한국게임산업진흥원', '한국 문화콘텐츠진흥원', '한국방송영상산업진흥원', '문화콘텐츠센터'와 '한국소프트웨어진흥원'의 일부를 통합하여 kocca를 출범시키며, '게임'을 여타 문화콘텐츠들과 뒤섞어 존재감을 희석시켜 왔다. 같은 해 10월, 중국정부는 아이러니하게도 게임산업 집중육성 쪽으로 급선회한다. 중국은 신문출판총서의 업무(게임, 애니메이션, 출공판물 등 콘텐츠 전반의 업무)로부터 온라인게임과 애니메이션을 떼내어 '문화부'에서 전담하기 시작한다. 그 결과 중국 게임시장 규모는 수년 만에 2배 이상 급증하며 2013년 이후 미국에 이어 세계 2위의 게임강국으로 도약한다. 2009년을 기하여, 한국과 중국의 게임산업의 위상은 크게 바뀌게 된 셈이다.

이렇듯 중국이 거세게 치고 올라오는 동안, 한국에서의 게임은 체계적 지원은 커녕 여타의 문화콘텐츠 산업의 들러리로 전락한 양상이다. 그럼에도, 문화계블랙리스트에서 여실히 드러났듯 정부와 문체부는 '게임=문화'로 인정해 주지도 않으면서 왜 '게임'을 붙들고 있는 건지 궁금하다. 문체부가 제 기능을 못하는 상황에서, 여성가족부(여가부)는 청소년보호법을 빌미로 만든 게임셧다운제로 게임종주국의 위상을 흔들어 중국에 넘겨주고 말았다. 설상가상으로 보건복지부(복지부)는 '게임질병 코드' 신설하려는 움직임에 더하여, 일부 정치인과 언론에 학부모들까지 가세하여 틈만 나면 게임을 '중독물질'로 몰아갈 기세다. 현행의 문체부와 kocca의 게임에 대한 직무유기 상태에서라면, '게임'은 여가부, 복지부, 정치권 등에서 언제든 공격받을 수밖에 없는 구조이며, 과학기술정보통신부(과기정통부)나 산업통상자원부(산자부)는 물론이고 여타 부처에서 틈만나면 게임에 눈독들일 것은 자명하다.

정치권 관심 못받는 현실 반영...게임진흥원 독립시킬 절호의 기회

그도 그럴 것이, IT 융합산업의 결정체로서 '모바일게임'이 급부상하며 주무부처를 이관하자는 주장도 설득력있거니와, 게임을 미래 먹거리 전략 산업으로 확실하게 성장시키기 위해 산자부의 비즈니스마인드와 수출인프라가 훨씬 도움이 될 수 있다. 지금처럼 문체부와 kocca에서 '게임'이 어정쩡한 '들러리'로 취급받으며 '문화'도 아니고 '무엇'도 아닐 바에야, 국가개조의 절호의 기회인 지금 '게임의 판'도 완전 개조할 절체절명의 찬스다.

이에 정부와 문체부에게 기댈 것이 아니라 우리 '게임인' 스스로 '게임의 판'을 바꿀 방안을 제안한다. 우선, 정부산하 게임관련 기관(센터)장들의 철저한 인사검증에 우리 게임인들이 직접 참여할 수 있는 '게임인 검증시스템'을 구축하자. 각계(산업계, 학계, 언론계, 정계 등)의 게임인들이 어떤 형태(인사위원회 등)로든 참여하여 납득할 수 있는 정부산하 게임 관련 기관의 인사들을 직접 검증하여, 낙하산 인사들을 원천 차단이 급선무다. 현행 정부산하 게임 관련 기관장들의 검증도 포함해야 함은 물론이다.

이렇게 게임인들이 검증한 납득할 만한 인사들과 게임인들이 함께 숙의하여 '게임발전전담기구(가칭)'를 새롭게 발족시켜야 한다. 문체부가 주무부처인 현재 상황에서 최선책은 kocca에서 '게임'을 완전히 독립시켜 게임전담기구를 신설해야만 '게임강국코리아'의 부활이 가능하다. 부득불 kocca에서 분리될 수 없다면, 최소한 '게임기여도'에 걸맞는 인력지원과 자금지원을 보장받는 '지위격상'을 보상받아야 한다. 지금처럼, 문체부나 kocca에서 '문화'도 아니고 '예술'은 더더욱 아닌 '이단아'로 푸대접을 받을 거라면 '게임'은 뛰쳐 나와야 독립해야 한다.

끝으로, 우리 '게임인'의 손으로 '검증한 인사'들과 함께 '전담 기구'를 발족시킨 후, 제대로 된 '게임마스터플랜'을 정립해야 한다. 미래의 후배 게임인들을 위한 '미래먹거리'로서의 게임도 고민하고, 게임인들이 자유롭게 연구도하고 네트워킹하면서 즐기는 창작의 장을 마련할 수도 있다. 국내외의 역사적으로 유의미한 게임작품들을 아카이빙하는 것도 바람직하고, 날마다 신바람나는 게임스타트업 용광로도 좋을 것이다. 그렇게 되면, '게임이 문화인가'라는 질문을 할 필요도 없는 '게임=문화'가 되고 '게임=예술'이 될 '그 날'이 오게 될 것이다. '그 날'을 앞당기는 것은 게임인들의 노력으로 얼마든지 가능한 일이다.

'그 날'이 올 즈음, 더 이상의 문화계의 블랙리스트가 나올 리는 만무하지만, '신 문화계 ***리스트'에 당연히 '게임인'과 '게임단체' 등재될 것은 자명하다. 필자는 게임인들에게 묻고 싶다. '오늘도 그저 좋은 게임만 만들면 되는가?'

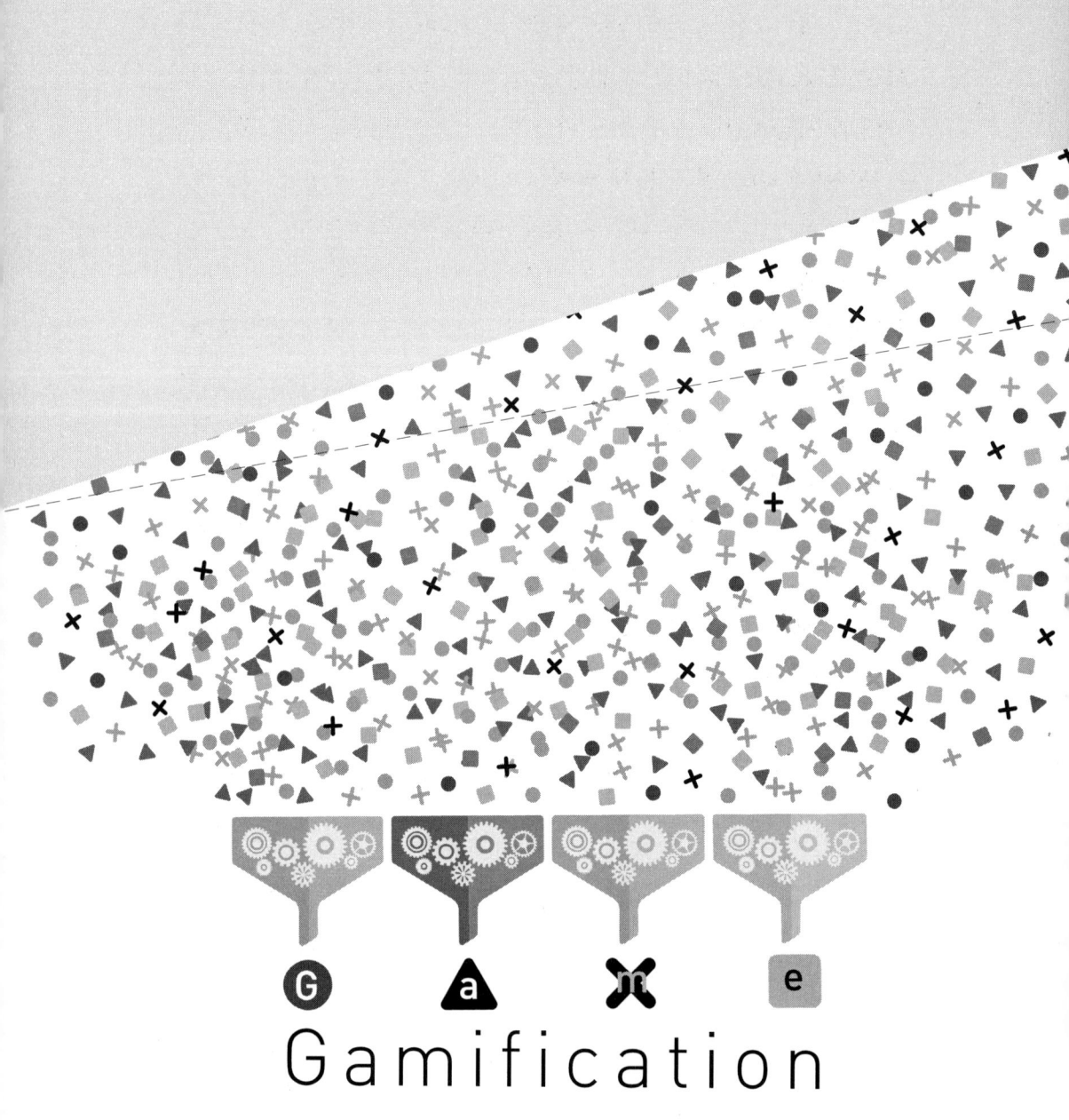

Gamification

지금은
게이미피케이션 시대!

04

게이미피케이션에 주목해야 하는 이유 ┃ 커피 쿠폰부터 하이패스까지, 게이미피케이션은 이미 일상이다
┃ 게임씽킹을 통해 인간활동을 긍정화하는 게이미피케이션 ┃ 국제가전전시회(CES)서 발견한 '게임'같은 세상
┃ 게이미피케이션 : 미국을 플레이하다

Gamification

게이미피케이션에 주목해야 하는 이유

2010년 미국 샌프란시스코에서 열린 게이미피케이션 서밋(Gamificcation Summit) 행사를 통해 붐을 일으킨 '게이미피케이(Gamification)션' 이라는 용어와 개념을 이제는 일반인들도 자주 접하게 되었다. 국내에서도 Gamification in Korea라는 페이스북 그룹을 통해, 필자를 포함한 열정적인 회원들이 게이미피케이션을 우리나라에 알리기에 힘써왔다. 필자 등은 2012년 이후, 수차례의 게이미피케이션 오픈 세미나를 열어왔으며, 2016년 9월 (사)게이미피케이션포럼' 을 결성하여 운영 중이며, 월례 '게이미피케이션 오픈 포럼' 과 '게이미피케이션&게임아트쇼' 개최 등 활동을 이어가고 있다.

게임은 공기와도 같다.
단지 우리가 느끼지 못할 뿐, 저마다 그리고 날마다 게임을 한다. 게이미피케이션은 거스를 수 없는 숙명이다.

우리가 일상에서 흔히 사용하는 '게임같은~', '게임처럼 재미있는~', '게임관 관련있는~' 등 에 해당하는 말들이 한 마디로 게이미피케이션으로 이해하면 쉽다. 게이미피케이션(Gamification)은 Game(게임) + ification(라틴계 명사화 접미사) 의 신조어다. 즉 게이미피케이션은 간단히 '게임화' 혹은 자구 그대로 '게임화 하기'나. 좀 더 풀어서 '게임처럼 만들기 정도'로 이해해도 좋다. 게임과 무관해 보이는 여러 가지 정치·경제·

사회·문화·산업 속의 여러 가지 상황들과 사람들(사용자, 소비자, 수용자 등)들 관계 속의 문제를 인식하고 그 해결방안으로 게임요소들을 적용하는 것이 게임화 즉, 게이미피케이션이다.

저명한 옥스퍼드 사전의 게이미피케이션 정의에서는 게임적 사고(Game Thinking, 게임씽킹)을 강조하고 있다. 즉, 옥스퍼드는 "게이미피케이션은 어떠한 문제를 해결할 때, 플레이어들을 몰입시켜 문제를 풀기위해서 비게임적인 문제 상황들 속에 내재한 게임적 사고방식과 게임적 메카닉을 활용하는 것"으로 정의하고 있다. 필자는 게이미피케이션의 정의를 "게임디자인 요소들을 비게임적 맥락에 적용하여, 플레이어들이 더욱 재미있고 자발적 참여가 가능한 활동들로 만들기"로 정의한 바 있다.

언제인지 불확실할 정도로 오래전부터 게임화에 관련된 시도가 있어왔지만, 근대적 개념의 명시적 게이미피케이션은 19세기 말로 거슬러 올라가기도 한다. 그후, 2002년에 닉펠링(Nick Pelling)에 의해 처음 게이미피케이션이라는 용어가 사용되었는데 처음에는 거의 주목 받지 못한다. 물론, 지금과 같은 개념의 게이미피케이션은 스마트폰의 도래시점인 2008년경 디지털 마케팅 분야에서 처음으로 사용되었던 것으로 보이며, 2010에 와서야 비로소 널리 확산되었다. 2010년 이래로 다양한 사람들이 게이미피케이션에 대해서 이야기 하고 있다. 물론 게이미피케이션에 대한 의견도 분분하다. 일부는 게이미피케이션의 무용론을 펴기도 한다. 그러나 그런 논쟁이 오고가는 순간에도 게이미피케이션은 도처에서 새롭게 진화해 가고 있다.

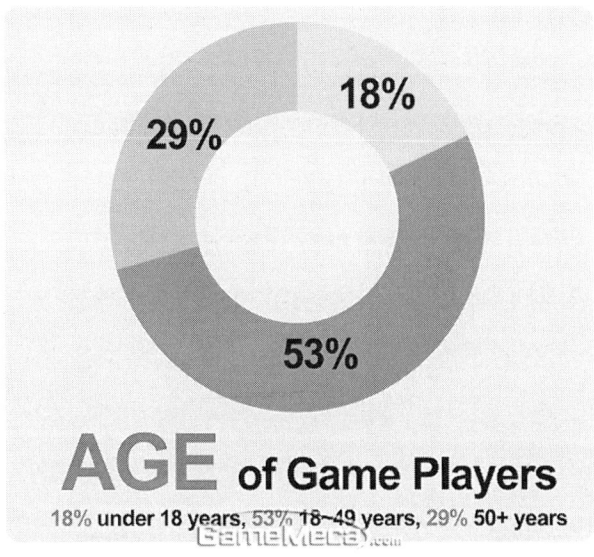

[게임 플레이어 나이별 분포 조사(미국 ESA, 2011)]

게이미피케이션이 회자되는 이유에는 여러 가지가 있을 수지만, 그 중에서도, 미국의 게임 플레이어들의 분포를 보여 주는 통계에 주목할 필요가 있다(ESA, 2011). 의외로 나이가 있는 사람들이 게임을 즐기고 있다는 사실을 확인할 수 있다. 게임이 그저 코흘리개들이나 즐길 거라는 예상이 빗나간다. 성인의 70% 이상이 게임을 즐기고 있으며, 심지어 50세 이상의 장년층에서도 무려 30%에 육박하는 숫자들이 게임을 즐기고 있다.

1950년대 후반, 전자게임의 원형이 처음 등장한 이래 시작된 게임세대는 나이가 들어서도 게임과 함께 여생을 맞이하고 있음을 입증한다. 즉, 전자게임이 탄생된 시점 이후부터, 이미 온 세상은 50년 이상 게임과 함께 공존해왔다. 세상은 이미 게임화되었는데 그것을 제대로 감지하지 못했던 것 뿐이다. 눈 덩이가 처음에 뭉쳐지기가 힘들 뿐, 일단 한 줌이 모여지면 상황이 다르다. 지금이 바로 여기저기 산재했던 게이미피케이션의 파편들이 모여지고 있는 형국이다. 게이미피케이션은 이미 거스를 수 없는 숙명이 되어 버렸다. 비단 미국만의 이야기가 아니다. 우리나라도 다른 나라의 경우도 크게 다르지 않다.

　그렇다고 '게이미피케이션'이 '게임'은 아니다. 이 개념은 '앵그리버드'나 '스타크래프트' 같은 '컴퓨터(비디오)게임' 그 자체를 뜻하는 것만이 아니며, '게임'을 넘어서는 개념이다. 기존 미디어와 게임 그리고, 게이미피케이션까지 비교해 보자. 소설은 대개 주인공(A)이 한 일을 작가(B)가 독자(나)에게 설명해 주는 방식이다. 영화는 주인공(A)과 주인공과 인과관계에 있는 등장인물이나 사건을 관람객(나)이 지켜보는 형태이다. 게임은 플레이어(나)가 무언가를 할 수 있도록 조종하는 형태의 미디어다. 그렇다면, 게이미피케이션은 어떤가? 플레이어(나)가 직접 현실에서 행동하는 형태다.

[기존 미디어들과 게이미피케이션과의 관계]

오래전부터 존재해오던 '게임'같이 재미있는 그 무엇들을 포괄하는 개념인 '게이미피케이션'은 이제 막 연구가 시작되고 있는 새로운 분야로, 정확한 개념을 잡아가는 쪽으로 진화해 가고 있다.

그렇다면, 인류문명의 발생 이래로 있어 왔던 게이미피케이션은 왜 2010년을 지나 요즘에서 크게 관심을 끄는 것일까? 이 질문에 대한 대답을 위해서는 아래 세 가지 측면에 대해 살펴볼 필요가 있다.

우선, 2010년에 즈음하여 게이미피케이션이 주목 받게 된 가장 큰 이유는 모바일 컴퓨팅 관련 기술의 발전이다. 스마트폰 가입자 수는 2013년 이후부터 3천만 명을 훌쩍 넘겼다. 이에 GPS를 활용한 위치기반 서비스, 각종 센서를 활용한 서비스, 무선인터넷 접속 등에서 지금까지와는 다르게 많은 사용자를 확보할 수 있게 되었다. 이제 소비자는 특정 애플리케이션 실행만으로 편리하게 네트워크를 통해 다양한 서비스를 받을 수 있는 기반이 구축된 것이다. 스마트 폰의 급속한 보급은 소비자들의 패러다임이 변화시켜, 언제 어디서나 즐길 수 있는 온라인과 오프라인이 하나로 연결되는 O2O 세상을 더욱 즐겁게 만드는 '게이미피케이션' 서비스들의 등장을 촉발시켰다.

두 번째 이유는 소비자의 변화다. 현재 주 소비계층이 게임에 익숙한 세대로 점점 변화해 가고 있다. 글자에 익숙한 세대, 그림에 익숙한 세대, 영상에 익숙한 세대에 이어서 게임에 익숙한 세대가 사회 주류 계층으로 자리 잡아 가고 있는 것이다. 새롭게 등장하고 있는 이들 계층은 누구나 컴퓨터 게임에 익숙하며, 한두 가지 이상의 게임에 한 번쯤은 몰입해 보았기에 너무도 게임메카닉(Game Mechanic)에 익숙한 세대들이다. 게이미피케이션이 활성화된 나라들 중에는 복지가 잘 된 북유럽 국가들이 많은 것을 보면 의식주가 해결된 사람들은 재미를 더욱 중요한 가치로 파악하게 됨을 유추할 수 있다.

세 번째는 마케팅 패러다임의 변화이다. 게이미피케이션은 마케팅과 밀접한 관련이 있다. 단순하게 일방으로 정보를 보내던 기존의 광고기법과는 다르게 현재의 마케팅은 고객의 참여에 기반을 둔 적극적인 마케팅을 추구한다. 소비자가 단순하게 광고를 보고 물건을 구입만 하는 것이 아니라 SNS 등을 통해 물건을 스스로 광고 할 수 있게끔 이끌고 있는 것이다. 이러한 마케팅 패러다임에서 즐겁게 광고 혹은 마케팅을 즐길 수 있게 도와주는 기법으로 게이미피케이션은 주목을 받기 시작한 것이다.

게이미피케이션은 아직 명확한 개념과 범위가 정해지진 않았다. 그럼에도, 계적인 IT 시장 전문조사기관 가트너(Gartner) 발표에 의하면, 2013년 7월에는 게이미피케이션은 최고의 '뜨는 기술'(emerging technology)의 왕좌의 자리에 올랐으며, 2014년까지 글로벌 2,000개 기업의 70% 이상이 게이미피케이션에 기반을 둔 응용프로그램을 하나 이상 도입할 것으로 예측하였다. 또한 2015년까지 50% 이상의 조직과 기업들에서 프로세스의 혁신적 개선을 위해 게임화를 차용할 것으로까지 가트너는 전망하였다. 아울러 동 기관의 게이미피케이션 2020보고서(Gamification 2020 Report)에 따르면 '게이미피케이션'은 최신 유망 트렌드 및 신기술들과 융합하여, 오픈 이노베이션 촉발에 따른 경영혁신, 종업원 행동 및 성과 개선, 질높은 교육의 민주화, 자발적 소비자 참여 플랫폼 출현 및 개개인의 맞춤형 코칭 등의 분야에 지대한 영향을 미칠 것으로 전망하였다.

'게이미피케이션'은 인류가 존재해온 이래로 오랜 기간 동안 예술, 문화, 사회, 정치, 경영 등 전반에 걸쳐 다양한 형태로 '실재'하는 현상이다. 따라서, 게임에 대한 세간의 몰이해를 해소하기 위한 방편으로서의 게이미피케이션이 큰 역할을 할 수도 있다. 일반인들은 물론이고 게임인(게이머들과 게임계 종사자)들에게 지속 가능한 사회인으로 거듭나기 위한 해결책이 바로 게이미피케이션 일 수 있다. 이것이 우리가 게이미피케이션에 관심을 가져야 하는 이유이며, 다가올 미래를 더 즐겁고 창의적인 세상으로 만들 게이미피케이션 전문가를 필요로 하는 이유다. 게임을 재미있게 만드는 것도 좋지만, 게이미피케이션을 통해 세상을 재미있게 만드는 것은 더더욱 값진 일이기 때문이다.

커피 쿠폰부터 하이패스까지, 게이미피케이션은 이미 일상이다[1]

가장 가까운 예가 '하이패스'다. 운전자(플레이어)는 간단한 단말기 부착만으로도 간편하게 톨게이트를 빠져나갈 수 있다. 계산원에게 일일이 돈을 내던 기존의 운전자들 보다 우월한 '지위'를 부여받은 '하이패스 플레이어'들은 '요금소 통행 퀘스트'를 신속하게 클리어하고 시간과 요금도 절약할 수 있다. 지치고 시간이 오래 걸리는 일상의 문제(답답한 요금소 통행 문제)를 일종의 게임 퀘스트로 보고, 운전자는 하이패스라는 신 교통시스템에 '탑승(onboarding)'하여 지루한 대기시간도 해결하고, 보상으로 통행료도 줄일 수 있다.

① 하이패스는 게이미피케이션의 보상가시화 전략인 SAPS로도 설명이 가능하다. 하이패스 단말기를 부착한 운전자는 특정한 지위(Status)를 보장받게 되어, 하이패스 전용선으로 접근(Access)이 가능하며,

---

1) 게임메카의 2015년 10월 07일자 칼럼을 토대로, 일부 재구성하였음.
   http://www.gamemeca.com/view.php?gid=912753

지구온난화 방지와 교통문제 해결을 위해 기여(Power)함은 물론, 출퇴근시 최대 '50% 할인'이라는 보상(Stuff)도 받을 수 있다.

[간편하게 톨게이트를 빠져나갈 수 있는 하이패스(출처:하이패스 사이트)]

'커피 10잔에 공짜 커피 한 잔'과 같은 보상을 내거는 쿠폰 프로그램은 '게이미피케이션'의 고전 사례라 말할 수 있다. 이 단골우대 프로그램은 온라인게임 운영과 비슷한 양상을 보이는데, 카페 주인이 게임 퍼블리셔, 손님이 게임플레이어인 셈이다. 충성도 높은 플레이어들이 꾸준히 방문해야 수익이 나는 온라인게임과 마찬가지로 카페 주인도 단골손님을 자주 찾아오게 만들어야 한다. 그저 공짜 커피 한 잔(보상, Stuff)뿐 아니라, 단골손님의 얼굴, 취향, 생일 등을 기억하여 특별함(지위, Status)을 느끼게 하는가 하면, 신상 메뉴가 나오면 최초 시식권(접근, Access)을 제공은 물론, 대접(파워, Power)받는다는 느낌을 부여하는 것은 게이미피케이션의 골격인 보상가시화(SAPS) 전략이다.

[매장에서 충전카드를 사용할 때마다 '별 배지'를 제공하고
등급에 따라 보상을 제공하는 스타벅스의 게이미피케이션 활용 사례
(사진출처: 스타벅스 공식 홈페이지)]

　　최근 TV 프로그램에는 아예 대놓고 '게임요소'들을 활용하는 사례가
빈번하다. 매번 새로운 미션에 도전하는 '무한도전'이나 출연자 간 쫓
고 쫓기는 추격전을 다룬 '런닝맨', 얼굴을 가리고 노래하는 수많은 사
람 중 진짜 가수를 찾아내는 과제를 수행하는 '히든싱어' 등의 인기 TV
프로그램 곳곳에서 게임디자인요소들이 적용되어 있다. 아프리카TV를
중심으로 크게 유행하고 있는 '인터넷 방송국'이나 '개인방송'은 출연자
(BJ)와 시청자가 실시간으로 의견을 주고받는 채팅창이나 별풍선 시스
템은 그 자체가 온라인 게임의 커뮤니케이션 및 보상 시스템과 꼭 빼닮
아 있다.

네이버, 다음 등 우리가 매번 들여다보는 포털 사이트에도 소위 '게이미피케이션'이 녹아들어 있다. 대표적인 것이 바로 '실시간 검색순위'다. 다른 게이머와의 순위경쟁을 실시간으로 업데이트되는 상황을 보여주는 '리더보드'는 대표적인 게임메커닉이다. ② 가장 많이 검색되는 키워드와 그것을 엮어내어 보는 사람의 흥미를 유발시키는 것이 '실시간 검색순위'에 숨어 있는 게임 요소다. 리더보드 외에도 포털사이트 구석구석에는 각종 포인트나 뱃지들이 숨어있어 네티즌들의 자발적 참여를 유도하도록 게임화 되어 있다.

② 이 리더보드는 게이미피케이션의 기본골격을 이루는 MDA(Mechanics, Dynamics, Aesthetics) 프레임워크 중의 하나인 게임메커닉스의 대표적 요소이다.

[실시간 검색순위에는 게임 요소 중 하나인 '리더보드'가 반영되어 있다.
 (사진출처: 네이버 메인 갈무리)]

이 외에도 언론에서도 추천을 많이 받은 댓글을 가장 위에 따로 보여주는 '추천댓글'을 통해 독자들에게 '추천 수 경쟁'이라는 재미 요소를 주고있다. 좀 더 많은 추천 수를 받기 위해 재치 있는 댓글을 생각해 내거나, 다른 독자에게 '추천'을 눌러줄 것을 부탁하는 행위가 '추천댓글'이라는 새 요소를 통해 유발된다. 다시 말해 '댓글'에 경쟁이 붙으며 보다 많은 글이 달리고, 이를 통해 언론사는 각 이슈에 대한 흥미도를 따져볼 수 있다는 이점을 가져간다. 이 추천 숫자는 게이미피케이션 디자인의 핵심요소 ③ PBL의 Point에 해당된다.

③ PBL(Point, Badge, Leaderboard)는 게이미피케이션 디자인의 3대 핵심요소라 일컫는다.

다시 말해 우리는 '게이미피케이션'이라는 단어가 널리 알려지기 전부터 게임과 함께 하는 삶을 살아왔다. 또한 '게이미피케이션'이라는 용어가 처음 사용된 시점은 2002년이다. 그렇다면 2000년대 초반부터 쓰이던 이 용어가 2010년 대에 접어들며 보편화된 이유는 무엇일까? 그 이유는 크게 3가지로 압축된다. 스마트폰 사용 확산과 마케팅 패러다임의 변화, 게이머 연령대 확대다.

2013년 기준 국내 사용자 3,000만 명을 훌쩍 넘긴 스마트폰은 언제, 어디서나 앱만 켜면 필요한 서비스를 바로 제공받을 수 있는 기반을 구축했다. 가장 큰 수혜자 중 하나가 소셜 네트워크 미디어다. 페이스북이나 트위터에는 '게임 포인트'격 수치인 '좋아요'나 '리트윗'이 있다. 이 '포인트'를 최대한 많이 모으는 것이 또 다른 재미 요소이자 목표가 되어 참여를 이끌어낸다. 스마트폰은 이러한 '포인트 쌓기'를 시간과 장소에 구애 없이 할 수 있도록 했다.

['추천과 별점으로 경쟁하는 재미를 살린 댓글'. 해당 화면은 게임메카
이구동성 '모바일과 지스타의 불협화음, 답 찾아야 할 때'편 댓글]

소셜 네트워크 미디어와 함께 대두된 것이 바로 '입소문 마케팅'이다. 일방적으로 소비자에게 광고를 내보내는 기존 마케팅과 달리 제품을 이용해본 소비자가 본인의 페이스북이나 트위터를 통해 다른 사람에게 이를 홍보하고, '좋아요'나 '리트윗'을 포인트로 받는 마케팅이 자리 잡았다. 다시 말해 소비자 스스로가 '마케팅'을 게임처럼 즐기는 흐름이 발생한 것이다.

여기에 게임에 익숙한 세대가 사회 주류 연령대로 자리잡으며 게이미피케이션을 쉽게 받아들일 수 있는 소비자가 늘었다. 미국 게임산업협회 ESA의 통계에 따르면 미국 성인 중 70% 이상이 게임을 즐기고 있으며, 50대 이상 장년층도 30%가 게임을 취미로 하고 있는 것으로 집계됐다.

게임씽킹을 통해 인간(플레이어) 활동을 긍정화 하는 게이미피케이션

플라톤(Plato)이 말하길 '인간은 하느님의 놀이를 놀아주는 자(플레이어)이며, 모든 남녀는 지혜(모든 것이 놀이)에 따라 생활하면서 가장 고상한 게임을 플레이해야 한다'고 했다. 어쩌면 태초부터 하느님은 게임화된 세상위에 인간을 세웠던 것 같다. 그것도 모른채 인간들은 탄생 초기에는 '생존'을 위한 욕구에만 급급했겠지만, 시간이 지나면서 진화를 거듭하게 되고 내재되었던 '놀이유전자(게임DNA)'가 꿈틀거렸을 것이다. 또한 저명한 역사학자 후이징아도 '놀이는 가장 기초적인 인류의 기능이며, 태초부터 모든 문화에 스며들었다'고 주장했다. 즉, 인간이 생존 활동 이외의 잉여의 시간동안 활동한 것들이 문명과 문화를 이루는 근간이 되었으며, 이러한 잉여시간 활용의 시작은 놀이가 되고 게임과 게임화[2]로 이어져 왔다. 스마트폰활성화와 더불어 게임화가 다시 조명받게 된 것은 다소 늦은 감이 있긴 하

---

2) '게임화'란 단어가 Game(게임)으로부터 파생된 동사형 신조어 Gamify(게임화하다)와 다시 그로부터 변형된 명사형인 Gamification의 우리말 번역임을 밝혀둔다.

였지만, 앞으로 본격화될 O2O(Online to Offline) 시대에는 게이미피케이션은 거스를 수 없는 대세가 될 것이다.

따라서 게이미피케이션, 즉 게임화는 '무슨 일이든 재미있게 할 수 있다'라는 전지전능한 도구로 오해되기도 하지만, 편견도 많다. 혹자는 게이미피케이션은 일시적인 유행일 뿐이라며 무용론을 펴기도 하고, 단순하게 PBL(포인트, 배지, 리더보드)이나 레벨(Level)을 추가하는 것만으로 게임화가 완성되는 것쯤으로 폄하하기도 한다. 그러한 논쟁이 오고가는 순간에도 게이미피케이션의 정의는 새롭게 진화하고 있으며, 필자는 게이미피케이션의 개념을 플레이어에 집중하여, "게임디자인 요소들을 비게임적 맥락에 적용하여, 플레이어들이 더욱 재미있고 자발적 참여가 가능한 활동들로 만들기[3]"로 정의한 바 있다.

이 정의에서 '게임(game)'이란 참여자들이 명시된 목표를 달성하기 위한 경쟁과 룰에 의해 특징 지워지고, '비 게임적 맥락(non-game context)'은 일반적 '게임' 이외의 다른 목적의 맥락을 말한다. '게임기획 요소(game design elements)'란, MDA(메커닉, 다이내믹, 미학) 프레임워크와 보상가시화 SAPS(지위, 접근, 파워, 보상) 등의 특징적인 게임 요소(characteristic to games)'들이다. 그런데, 그간의 게이미피케이션 정의가 '게임요소' 부분에 초점이 맞추어져 있다 보니 그 개념이 혼동되고 있다. 강조하고 싶은 것은 게이미피케이션의 핵심은 플레이어의 경험과 참여인데, 비 게임적 맥락에서도 플레이어가 유의미한 경험을 통해 자발적 참여(Engagement)로 이르게 하는 것이다.

---

3) Gamification is the use of game design elements in non-game contexts to make player's activities more fun and engaging.

게이미피케이션에서 가장 중요한 주체인 '플레이어(player)'는 사용자, 고객, 손님, 관객, 학습자 그리고, 게이머 등을 통칭하는 개념이다. 일반적으로 게이머(gamer)와 플레이어(player) 둘 다 구별없이 흔히 사용하고 있지만 게이미피케이션에서는 구분할 필요가 있다. 게이머는 '게임' 콘텐츠의 주 소비자이자 게임회사(개발사, 퍼블리셔 등)의 고객이다. 필자는 플레이어에 좀 더 폭넓고 능동적인 소비자의 지위를 부여하였다. 여전히 '플레이어(player)'는 '고객(customer)'이나 '사용자(user)'와 혼용되지만, 최근에 플레이어의 중요성이 날로 부각되고 있다. 아직도 고객이나 플레이어 보다는 사용자를 위해 상품이나 서비스를 디자인하고 있는 것이 현실이지만, 사용자나 고객을 넘어 '플레이어'의 경험 디자인이 중요함으로 강조하며, 필자는 플레이어, 고객(게이머) 그리고 사용자의 상관관계를 다음과 같이 제시하였다.

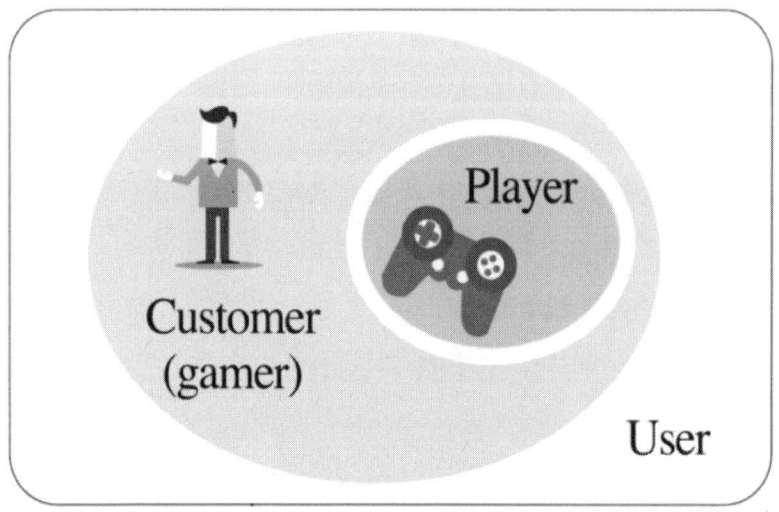

[사용자, 고객, 플레이어의 관계도(김정태, 2014)]

사용자(user)라는 용어는, 지금보다 훨씬 더 기술 중심적이었던 소프트웨어 산업 초창기에 대부분의 엔지니어가 다른 엔지니어를 위한 제품을 만들던 시절에 유래된 상당히 몰개성적이며 비인격화된(depersonalized) 집단의 표현이기 때문에, 사용자란 용어의 한계는 '반드시 뭔가에 비용을 지불하는 사람을 의미하는 않는다'는 점이다(Jon Radoff, 2011). 반면에, 고객(customer)은 제공되는 가치에 돈을 지불할 의지를 가진 집단으로, 상품이나 서비스의 대가를 이해하는 사용자의 한 유형이다. 더 나아가, 플레이어(player)는 재미를 기대하고, 그에 대한 대가를 기꺼이 지불할 준비가 되어 있는 고객의 한 유형이다. 이 '고객'을 '플레이어'로 간주하고 좀 더 적극적으로 참여시키는 것이 더욱 중요해지는 시점이다. 특히나, 언제 어디서나 즐길 수 있는 온라인과 오프라인이 하나로 연결되는 O2O 시대에서야 말로 '게이미피케이션'의 핵심인 플레이어 경험(Player eXperience, PX)에 주목해야 한다. O2O 세상을 사는 현대인(플레이어)들의 '연결된 고독[4]'을 해소하고 억눌린 게임 DNA를 일깨워 상호작용을 확대하고 자발적 참여를 강화하는 기폭제로서 게이미피케이션이 큰 역할을 할 것이다.

최근의 게이미피케이션 성공사례들은 모두 재미를 통해 플레이어의 자발적 참여와 충성도를 높임으로써, 해당 분야는 물론 연관 산업 발전에 크게 기여하며 세상을 유의미한 방향으로 혁신시키고 있다. 우선, '나이키플러스'는 '지루할 수 있는 스포츠'에 스마트한 재미를 더한 개념으로 게이미피케이션의 성공사례로 자주 언급된다. 기존의 나이키 '운

---

4) 각종 SNS(페이스북, 트위터, 카카오톡 등)으로 광범위하게 온라인상으로 연결은 되어 있지만, 정작 이전에 비해 오프라인에서 직접 면대면으로 만날 기회가 줄어들어 상대적 소외감을 더욱 크게 느끼고 고립된 느낌을 갖는 현상을 말한다.

동화(의류 등)'에 '스마트기기'들(아이파드, 스마트폰, 퓨얼밴드, 스마트워치 등)과 '러닝 앱(Running App)'을 연동하여 스포츠(조깅, 개인트레이닝 등)를 혁신하여, 결과적으로 나이키플러스의 게임화 사례는 웨어러블(Wearables) 산업 확산에 큰 기여를 하게 된다. 또한, 마케팅에 지속적으로 게이미피케이션을 시도해오고 있는 '스타벅스'는 인기 MMORPG '와우(World of Warcraft)' 게임 매니아를 중역으로 영입하여 매장경영혁신에 게이미피케이션을 적용해 큰 호응을 받은 바 있다.

일찍부터 구현해온 게임화된 스타벅스의 매장운영 혁신 전략은 동종 외식업계는 물론 인접 서비스산업에 영향을 끼치고 있다. 그 밖에도 온라인 유통 절대강자 아마존은 플레이어(구매자)들의 자발적(Engaging) 참여 유도에 일가견이 있다. 아마존에 접속하면 '인기순위', '관심분야 추천'이나 '깜짝세일' 등 플레이어들의 취향에 최적화된 맞춤형서비스에 눈길이 가게 마련이다. 최근에는 생활패턴까지 감지하여 생필품을 자동주문 가능한 '아마존 대쉬'처럼 정교한 게이미피케이션은 플레이어들의 충성도를 더욱 공고히 하고 있는 아마존의 게이미피케이션 실험은 IoT나 빅데이터, 웨어러블 등의 최신 IT 기술들의 상용화에 빼놓을 수 없는 핵심개념이 되어가고 있다.

이에 게이미피케이션을 각 분야에 적용할 전문 인력들이 필요한 시대가 되었다. 살펴본 나이키, 스타벅스, 아마존뿐 아니라, 구글이나 페이스북 등의 글로벌 기업들은 이미 게이미피케이션을 경영과 서비스에 도입하면서, 태초의 하느님이 구현하셨던 게임화된 세상을 꿈꾸고 있다. 이제 우리나라에서도 게이미피케이션을 진지하고 고민하고, 게이미피케이션 전문 인재 양성에 힘을 쏟을 때이다.

게이미피케이션 전문과정은 게임 창작기술을 토대로 한 폭넓은 인문학과 O2O 기술의 융합 교육

물론, 게이미피케이션 전문 인재 양성과정은 게이미피케이션의 핵심인 플레이어 경험(PX)에 초점이 맞추어져야 할 것이다. 기존의 대학교 게임 관련 학과들처럼 게임창작 교육과정에 충실하면서도, 인상적인 PX 디자인을 위한 인문학적 소양을 극대화할 교과목을 편성해야 한다. 게임 문화론, 게임심리학, 게임교육학, 게임역사학 그리고 게임철학과 게임미학 등이 강화되어야 한다. 그간 대학의 게임교과과정은 게임기획(디자인)과 프로그래밍이나 그래픽(아트) 교과목들이 '게임 포트폴리오' 작업에 집중되어온 것이 사실이다. 학생들에게 전망있는 게임회사 취업이나 창업에 도움될 수 있는 훌륭한 포트폴리오 창작도 중요하지만, 게이미피케이션 과정의 핵심 목표는 게임의 본질과 그 주체인 플레이어에 대한 폭넓은 이해가 관건이다.

게이미피케이션 전문 과정에서는 게임 창작의 전반적인 일련의 내용들을 비중있게 다루는 것도 필요하지만, 그에 더하여 게임의 본질 그 자체를 이해하는데 좀 더 체계적이고 깊이있는 접근이 필요하다. 게임, 그 본질에 접근하다보면 선사시대부터 인류와 함께 진화해온 게임의 태동기로부터 현재를 조망하고 미래의 실체에 다가갈 수 있기 때문이다. 그런 과정을 통해, 우리는 게임 DNA가 혈관을 따라 흐르고 있는 플레이어들을 재발견하게 될 것이다. 그 뼈속까지 게임 DNA를 품고 살아온 인류에 대해 좀 더 잘 발견할 수 있을 것이다.

바람직한 게이미피케이션 전문 교육 과정의 방향은 (1) 핵심적인 게임 창작실무 교육 토대위에 (2) 폭넓은 인문학 교육과 (3) 최신 O2O 융합

산업 케이스스터디를 통해 (4) 다양한 산학협력 프로젝트 수행으로 세상에 유의미한 공익적 사고와 지속 가능한 활용 능력의 배양이 목표다. 즉, 게임창작실무 교육을 최우선으로 하되, 게임의 본질과 양질의 PX 구현을 위한 게임인문학 교과목들을 대폭강화함과 동시에 최신 온라인 IT 기술과 기존의 오프라인 산업의 경영실무를 통하여 온라인과 오프라인을 연결하는 O2O 비즈니스 역량을 갖출 수 있어야 한다.

이를 바탕으로 왕성한 산학 협력프로젝트에 필수적으로 참여하면서 세상에 유의미한 공익형 인재로서의 게이미피케이션 전문가를 표방해야 한다. 특히 글로벌 역량을 겸비한 인재들에게는 해외 연수, 유학, 취업 등 적극적인 해외진출 지원시스템도 가동하면서, 세상을 널리 이롭게 수 있는 적정기술 프로젝트를 수행함으로써 '창작기술'과 '플레이어 경험'의 기저 '인문학'을 겸비하고 이를 실천할 수 있어야 한다.

성공적으로 게이미피케이션 전문과정을 마치면, 기존 전통 오프라인 기업들의 게이미피케이션 전략기획 담당 및 O2O 비즈니스 기획자나 O2O 서비스 개발자와 디자이너의 역할도 훌륭히 수행할 것으로 기대된다. 기존의 전통산업들과 최신 IT 기술들(IoT, 3D Printing, Big Data, Wearables, u-Health, Fintech 등)과 융합되는 O2O 시대에는 그에 상응하는 직업 패러다임의 변화가 불가피하기 때문이다.

종래의 IT 엔지니어는 기존의 산업에 최신 IT 기술을 물리적으로 훌륭히 연결시키는 것은 가능할 수 있겠지만, 게이미피케이션 전문과정의 졸업자는 기존산업과 최신 IT 기술의 물리적 연결뿐만 아니라 플레이어 경험을 고려한 화학적 융합까지 성공적으로 구현할 것이다. 이를 위해, 게이미피케이션 교육과정에서는 게임창작 및 웹·앱 창작기술과 웨어러블(Wearables) 시제품 제작 및 U-헬스케어 프로젝트 등에 이르는 IT산업기술전반을 아우르는 프로젝트에 게임화 기법을 적용 가능해야 할 것이다. 이러한 교육과정과 실습을 통하여 배양된 게이미피케이션 전문 능력자들이 업에 실전배치되어 세상을 더 유의미하게 바꿀 수 있길 희망한다.

지금까지 다가올 미래를 더 즐겁고 창의적인 세상으로 바꿔줄 게이미피케이션에 대해 짚어보았다. 게이미피케이션의 핵심 주체인 플레이어와 그들에게 재미있고 신나는 경험을 부여할 게이미피케이션 전문 인력 양성 방향도 제시하였다. 게임을 재미있게 만드는 것도 좋지만, 게이미피케이션을 통해 세상을 재미있고 유의미하게 만드는 것은 더더욱 값진 일이며, 그 현장의 중심에 게이미피케이션 전문 인력들의 수요가 점점 더 요구되고 있다. '게이미피케이션'은 인류가 존재해온 이래로 오랜 기간 동안 문화, 사회, 정치, 경영, 예술 등 전반에 걸쳐 다양한 형태로 '실재'하는 현상으로, 게임에 대한 세간의 몰이해를 해소하기 위한 방편으로 게이미피케이션과 그 전문 인력들의 큰 역할이 기대된다. 게이미피케이션은 위축된 한국의 게임산업과 게임인들에게 지속 가능한 활력을 불어넣어줄 돌파구가 될 수도 있다. '라이엇게임즈(LoL의 제작사)'의 사훈이기도한 '플레이어 경험 최우선(Player eXperience first)'을 책임질 대한민국의 '게이미피케이션 전문 인력' 양성 프로젝트에 관심을 가져야 하는 이유다.

THE RIOT MANIFESTO

PLAYER EXPERIENCE FIRST

We obsess over every part of the experience, from a player's first game to their thousandth win, from installation to support to esports broadcasts. It all matters.

[라이엇 게임즈의 사훈 : 플레이어 경험이 최우선이다[5]]

---

5) 라이엇 게임즈의 홈페이지 http://www.riotgames.com/riot-manifesto#1

국제가전전시회(CES)서 발견한 '게임' 같은 세상[6]

49회를 맞은 CES 2015 전시회가 열린 미국의 라스베가스에서 삼성전자 사장이 기존 연설에서 IoT(사물인터넷, Internet of Things)를 전사적 핵심사업으로 육성하겠다는 포부를 밝혔다. 'Samsung will be open'이라는 강한 메시지로 '개방성'을 강조하며 1억 달러를 투자해서 혁명을 일으킬 것이라는 호언을 했지만 때늦은 시대착오적 프로파간다(propaganda)가 아닌가 싶다. 이를 방증하듯 공교롭게도 삼성전자 부스가 있는 센트럴 홀(Central Hall)의 정반대 쪽 대각선에 위치한 '퀄컴(Qualcomm)'의 행보가 대조적이었으니 말이다.

삼성전자의 IoT 사업전략에는 아랑곳없이 '퀄컴(Qualcomm)'의 전시 부스에는 IoE(만물인터넷, Internet of Everything) 체험관까지 전격 가동되었다. 이 회사는 전시관 전체를 시원스럽게 진정한 '개방형' 구조로 열어젖힌 채, 자신들의 강점을 강조한 몇몇 구획으로 특화시키고, 관람

---

6) 더게임스의 2015년 02월 23일자 칼럼을 토대로, 일부 재구성하였음.
 http://www.thegames.co.kr/news/articleView.html?idxno=181750

객들에게는 '신선한 IoE 체험'의 게임화된 서사(序詞)를 통해 퀄컴의 IoE 기술의 선도 이미지를 각인시키기에 충분했다.

반면에, 작년에도 그랬고 이전에도 그래왔듯이 삼성전자는 천정까지 가림막에 가려진 어두침침한 '폐쇄'된 공간에서 삼성의 각 부서로부터 차출된 '전략제품들'이 최첨단 기술력을 뽐낼 뿐, IoT와 관련한 스토리텔링은 오간데 없었다.

이와같이 삼성전자의 최고 경영자와 CES 전시팀 간의 엇박자는 IoT 사업 성공을 위한 고도의 '연막전술' 내지 '비밀경영' 전략은 아니었을 게다.

[IoE 기술 선도 이미지를 부각하고 있는 퀄컴의 개방형 전시부스와 배너]

CES 2015 준비를 추진해온 주무부서에서 퀄컴의 행보를 몰랐다면 '삼성의 정보력'이 도마 위에 올라야 마땅하고, 알았는데도 기조연설에서는 IoT 사업에 늠름하게 1억 달러씩이나 투자하고 전사적으로 추진하겠다고 선언하면서도 정작 부스에는 시선을 사로잡는 IoT 체험코너 하나 찾아보기 어려웠다. 아니 있었는지는 모르지만 온통 100인치를 넘나드는 TV 스크린의 현란함만 넘실댔을 뿐이다.

[TV 기술의 선도적 이미지를 부각시킨 삼성의 전시부스(좌)와
관람객들에게 직접 체험할 수 있는 퀄컴의 IoE 체험공간(우)]

그럼에도, 이 불협화음을 불식시키려는 노력의 일환인지 삼성전자는 전사 차원에서 IoT에 대한 투자와 연구개발, 사업화를 전담할 '소비자가전(CE)—IT모바일(IM)—경영지원 의 3두 협의체'를 가동하겠다며, 이를 위해 단일 사업부문이 아닌 디바이스와 부품, 통신 등의 역량을 모두 결집하겠단다. 더 나아가 삼성전자를 주축으로 하고 그룹 계열사인 삼성 SDS, 삼성물산 건설부문 등과 연계해 IoT 비즈니스를 적극 발굴하겠다는 의지도 피력했다.

기조연설과 그 후속발표가 모두 의도된 전략이라 치자. 그렇다면, 삼성전자 같이 이미 비대해진 조직에서 과연 '전광석화'처럼 빠른 속도에 걸맞는 의사결정과 추진이 가능할 것인가? 그보다 더 중요한 문제는 'IoT의 본질'을 제대로 이해하고 있는지 하는 의문이 든다. 혹시 수십년 전부터 그려온, 거실에 100인치가 넘는 TV를 중심으로 한 '홈 네트워킹' 정도를 'IoT 사업의 전부'로 생각하고 있는 것은 아닐까?

그도 그럴것이, CE 부문 사장은 TV와 가전부문을 총괄하면서 IoT에 필요한 가전과 TV 등 다양한 디바이스 개발에 나서고, IT 부문 사장은 IoT에 필수인 연결(네트워킹) 부문, 경영부문사장이 IoT 사업에 필요한 투자와 사업계획을 지원하는 삼각편대라고 밝혔다. 구색을 갖추는 선에서 부품과 센서 등 디바이스솔루션(DS) 부문이 IoT 사업을 후방지원하게끔 판을 짰다고 한다.

이는 지극히 IoT의 본질을 외면한 '하드웨어 조직'의 구조가 아닐 수 없다. 삼성 자체(인텔과 공조한) 운용체계(OS)인 '타이젠'이 탑재된 '삼성 TV'로 거실을 장악하여 'IoT 사업'을 성공시키겠다는 야심이리라. 거실에 우뚝한 '삼성 TV'와 '삼성스마트폰', '삼성냉장고' 그리고 '삼성세

탁기'와 '삼성청소기'들이 서로 '융합'되는 것을 IoT 사업의 완성으로 생각할 수도 있다. 영상디스플레이 전문가인 소비자전부문(CE) 사장은 IoT 사업을 위해 '센싱-네트워크-분석-서비스 제공'에 이르는 최적의 조합을 강조하며, 보안성 강화를 위해 보완 대응체제도 가동하겠다고 벼르고 있다.

그런데, 세상은 이미 어디서나 인터넷이 연결되어 가고 있는 진행형으로, 이미 IoT(사물인터넷, Internet of Things)를 넘어 IoE(만물인터넷, Internet of Everything and Everywhere)의 시대가 도래했다. TV와 세탁기, 냉장고, 그리고 청소기가 하드웨어적 네트워크로 연결되어 소비자들의 생활을 편리하게 하겠다는 스토리는 이제 '전래동화' 수준이다.

스마트폰의 폭발적 성장과 숨가쁘게 가속화되는 인터넷 시대에 살고 있는 소비자(Consumer)들은 이제 더 이상 20세기의 수동적인 사용자(User)들이 아니다. 스마트기기들로 무장한 사용자들은 훨씬더 '스마트(Smart)'해지고, '상호작용적(Interactive)'인 '플레이어(Player)'들로 변모한 지 오래다.

스마트해진 소비자인 '플레이어'는 날이 가면 갈수록 세상과 함께 변화해 간다. 아니 '진화'해 간다. 100인치가 넘는 '삼성 TV'가 버티고 있는 거실에서 오순도순 모여 앉아 드라마, 영화 그리고 예능프로그램을 즐길 시간이 과연 얼마나 될까?

충분한 네트워킹, 센싱 및 보완 기술과 디바이스 솔루션 전문가들이 없어서 IoE 세상이 오지 않을까?

IoE 세상은 스마트해진 '플레이어'들이 편하게 즐길 수 있는 '놀이터(Playground)'처럼 자연스운 '심리스(Seamless)' 환경을 구현해야 한다.

마치 거실과 가정, 그리고 거리, 회사, 쇼핑몰, 병원, 관공서 등 세상의 모든 것과 장소들이 온라인 RPG(Role Playing Game) 속의 '오브젝트 (Object)'와 NPC(Non Playable Character)들처럼 상호작용하는 방향으로 진화할 것임에 틀림이 없다.

즉, 스마트 소비자인 '플레이어'가 일상의 생활들이 '온라인 게임'의 그것처럼 게임화(Gamification, 게이미피케이션)되어 재미있으면서도 자연스럽고 편안함을 주는 세계가 IoE 세상의 '최선'이 아닐까? 단, 온라인 게임 속의 여러 가지 '부작용'은 최소화 되어야 함은 물론이고 말이다.

IoT 관련 하드웨어 중심의 판짜기는 발표한 대로면 충분할 수도 있다. 그러나 지금부터 삼성에게 필요한 것은, 우선 다가올 IoE 세상에 걸맞는 평범한 UX 디자인을 뛰어넘는 PX(Player eXperience)를 최적화시킬 수 있어야 한다. 이를 위해, IoE 세상의 능동적 소비자인 '플레이어(Player)'들에게 동기부여를 높여줄 '게이미파이어(Gamifier)'들의 전면배치가 필요하고, 새로운 IoE 세상을 더욱 유의미하게 이끌 '스토리텔러(Story Teller)'도 꼭 필요하다.

거실의 '삼성 TV'에 집착하는 한 삼성전자가 그리는 IoT 사업은 자구(字句) 그대로의 '인터넷으로 연결된 사물들(TV, 세탁기, 냉장고, 청소기)'에 머물 것이다. 부디 세계적인 삼성의 위상에 걸맞는 '모든 것이 인터넷으로 연결되는 재밌고 편한' '게임같은 IoE 세상'을 앞당겨 주길 바란다.

게이미피케이션: 미국을 플레이하다[7]

필자는 20여 년 전부터 미국출장과 10여 년 전의 '미국유학+이민'생활의 경험을 토대로 게임인들을 위한 미국 진출 Tip을 소개한다. 미국의 기업들이 선도하는 '게임같은 IoE 세상'을 꿈꾸는 이들이라면, 한 번쯤 미국행을 생각해 봤겠지만, 막상 떠나려면 쉽지않다. 이번 섹션은 필자가 미국에 살면서, 보고, 듣고, 겪었던 그리고 느끼게 되었던 내용들을 게임과 접목해서 풀어가는 가감없이 담는 '자전적 게임 에세이'다. 단순히 '미국 생활 일지'가 아닌 미국 생활에 도움이 되는 유용한 정보나 경험을 '게이미파이어(gamifier)'와 플레이어(player)의 관점으로 전개하고자 한다.

---

7) 한경닷컴 게임톡에서 2013년 1~4월까지 게재된 동명의 연재를 요약발췌하여 수록하였다.

How to play America

Designed by Miyeon Seo

그럼 '미국 플레이'를 시작해 볼까?

2008년 초부터 6년 넘게 미국서 살아오면서 체험하고 느끼는 미국은, 시스템이 잘 짜여져 있는 '게임'과도 같다. 장르로 친다면, RPG에 시뮬레이션 그리고 어드벤처 장르까지 섞여있는 커다란 게임대륙이라고나 할까! 차츰차츰 어떤 부분들이 게임과 닮았는지 천천히 풀어보겠다. 그런데 또, 웬 플레이! 여기서, '플레이(Play)'라는 말은 '미국'이라는 '게임대륙'에서 최근 이슈가 되고 있는 '게이미피케이션(gamification, 게임화)' 개념에서 비롯된 것으로, 게이미피케이션 속에서의 '행위'들은 모두 '플레이(play)'로 통일된다.

좀 더 부연하면, 게이미피케이션은 "게임 요소들을 게임이 아닌 것(곳)(non-game text)에 적용함"이라고 정의되는데, '게이미피케이션' 연구자들에 의하면 '게임 요소들은 우리 일상생활의 어느 곳에나 적용이 가능하다'고 보는 입장이다. 그렇기 때문에, 비행기 탑승객, 커피숍의 손님, 극장 관객, 공부하는 학생을 포함해서 심지어 군인들까지도 게임화 된 콘텐츠 속의 플레이어(player)로 보는 것이다. 따라서, 필자는 '미국'을 하나의 커다란 '게임화된 시스템'으로 간주하고 시원시원하게 플레이하고자 한다.

미국에 첫 로그인(login)하다!

1996년 5월, 난생 처음 도착한 미국 로스앤젤레스(Los Angeles). 천근만근 무거운 걸음으로 겨우 도착한 '입국심사대(Immigration Checkpoint)'. 미국으로 접속하는 첫 관문! 미국이라는 게임에 드디어 회원가입 완료하고 처음으로 로그인 성공한 셈이다. 당시 필자는 '관광객(B1B2 Visa Status)' 레벨이 '미국이라는 게임시스템'의 제일 낮은 단계인지를 모르는 채 그렇게 '초짜 플레이어'로서의 첫 발을 내딛게 되었다.

물론 지금은 좀 바뀌어 '무비자입국'(no-visa entry)이 가능하지만, 1996년의 봄에는 미국에 들어가려면, 누구나 비자가 있어야 했다. 그리고, 미국에 단지 관광의 목적으로 입국한 사람들에게는 이 미국 비자 시스템과 비자종류가 게임의 '레벨' 개념과 얼마나 닮아있는지를 알지 못할 것이다. 하지만, 미국에 유학생의 신분이나 이민자로 살아가기 위해서는, 그들은 복잡한 비자(학생비자, 취업비자, 사업비자 등등)들과 영주권, 시민권 같은 등급별 레벨업이 얼마나 어렵고 중요한지를 뼈저리게 실감하면서 생존 플레이를 하고 있다.

공항에서 겨우 숙소에 도착하여 짐을 풀고, 로비로 내려갔다. 일본정통 RPG '영웅전설' 속의 여관풍 느낌이 나는 호텔 로비 이곳저곳을 살피기 시작했다. 게임 속의 캐릭터가 이곳저곳 돌아다니며, 여기저기를 클릭하고 두드리고, 기웃거리는 것처럼, 필자도 미국게임 대륙 속에서 '레벨 1' 상태로 첫 번째 호텔을 두리번거렸다.

로비에 있던 다른 한 사람도 보아하니 나와 비슷한 처지인 것 같았다. 우리는 누가 먼저랄 것도 없이 서로 같은 RPG에서 파티 멤버(일행)가 된 것처럼 한국어를 잘하는 NPC(호텔 직원)의 다음 대답을 기다렸다.

'가능하면, 깜깜해지면 밖에 나가지 않는 게 좋습니다. 미국은 밤에 위험하니까, 5보 이상은 차로 이동하셔야 합니다. 얼마 전에도, 한국에서 온 사람들이 깜깜한 밤에 걸어서 몇 블록을 이동하다가 변을 당한 일이 있었습니다. 되도록이면 빨리 돌아오셔야 합니다.'

다소 비장한 어조였다. 이건 어디서 많이 듣던 스토리였다. 평화롭던 마을이었는데, '악의 봉인'이 풀리면서, 밤에는 돌아다니면 위험하니 조심해야 된다던…….

일본식 RPG에서 자주 등장하는 레퍼토리가 아닌가? 한국에서 가끔 뉴스를 통해서 듣던 것들이 사실이었단 말인가? 미국의 밤은 정말 안전

지대가 아니란 말인가? 5보 이상은 탑승해야 한다니, 이런 곳에서 사람들이 대체 어찌 살아갈 수 있단 말인가? 지레 겁먹을 필요도 없지만, 방심해선 안되는 곳이 미국의 밤 거리이다.

나이 40에, 미국대륙 리플레이 시작

[2008년 미국 LA 상공]

2008년 5월, 비행기가 LA 상공에 접어들자, 이번엔 더 빨리 두근거리기 시작했다. 미국에 처음 로그인한 1996년, 그로부터 12년 후, 필자는 미국 유학을 감행했다. 사실 말이 유학이지, 미국 학생비자 신분을 가지고 미국 '유학+이민' 길에 올랐다.

한국에서 유명하다는 유학원이며, 미국이민 세미나 참석도 수십 번.

Designed by Heoun mi ri

그리고 미국 이민 전문 컨설팅 회사도 많이 찾아 다녔다. 수개월간의 미국 이민에 관한 모든 정보들을 취합한 결과, 필자에게 가장 효율적이며 경제적인 해답은 미국 유학생 신분(F1)이었다. 12년 만에 새로운 레벨로 등업되었다.

미국에서의 새로운 도전과 낯선 이민생활의 시작! 그리 호락호락한 나라가 아니라는 이야기를 주변에서 끝도 없이 듣고, 미국 행을 만류하는 사람들이 그렇게 많았지만, 흐르는 강물처럼 그렇게 미국으로 흘러 들어왔다.

미국 게임월드 공략, 어떻게 시작할 것인가?

2008년의 미국. 레벨2의 상태인 필자는 12년 전의 그것보다 한결 익숙하게 LA 공항을 플레이 했다(그렇지만 그게 함정이었다는 것을 알게 된다). 게임업계 선배가 마중 나왔다. 미국 이민자들에게 회자되는 속설이 있다.

'이민 가서 처음 공항에 마중 나오는 사람이 그 이민자의 미래를

좌우한다.'

마치 게임에서 파티 구성에 따라 그 게임의 미래가 결정되는 것과 같은 이치라고나 할까? 나는 의식적으로, 바쁜 그 선배에게 공항까지 픽업 나와 달라고 부탁을 했고, 선배는 흔쾌히 응했다. 그 선배도 미국에 처음 마중나왔던 사람이 게임업계의 지인이었고 그래서 잘 미국에 정착하게 된 것 같다고 귀띔했다. 임시숙소로 오는 길에, 선배는 미국 이민 생활에 도움이 될 충고도 많이 해줬고, 녹록하지 않은 미국 삶에 대한 이야기를 들려줬다.

미국에서 과연 어느 지역에 터전을 마련할 것인가? 우선, 한 번쯤은 가봤던 곳들이었거나, 아는 사람이 한 명이라도 있는 곳을 떠올렸다. 인류가 만들어낸 최고의 도시라는 뉴욕, 벤처기업의 산실 실리콘밸리가 인접한 샌프란시스코 그리고 할리우드와 천사 땅 LA, 그밖에 시애틀, 애틀랜타, 피츠버그 등을 후보로 삼았다. 당시엔 각각의 도시들에 대해 갖가지 변수들을 가지고 두서없이 분석하였지만, 이젠 게임의 핵심 4대 요소인 '판타지, 호기심, 도전, 컨트롤'을 반영해 봤다. 자녀 교육과 '게임비즈니스'를 위해서는 LA 쪽이 훨씬 확률이 좋을 것이라는 선배 플레이어들의 추천도 귀담아 들었다.

실전 ! 미국서 집 구하기 퀘스트

여기저기서 취합한 미국생활정보와 미국 현지에서 알게 된 플레이어들 조언을 바탕으로 본격적으로 차근차근 '미국 첫 집 구하기' 퀘스트에 돌입했다. 일간신문의 생활정보 섹션이 제일 믿을 만하다고들 했다. 신문과 LA 지도를 펼쳐들었다. 이전의 미국 '출장자'나 '여행자'로서가 아닌 미국 '거주자'가 되려는 첫 관문이었다. 기분이 묘했다. 대체 어디서 집을 구할 것인가?

결국, LA 동부와 북부를 거쳐, 오렌지카운티의 주요 도시들인 플러튼, 얼바인, 세리토스, 사이프레스 등의 수도 없는 집을 둘러보았다. 결국, 우리는 아름드리 나무들이 우거진 숲 속에 있는 35년이 넘었다는 집으로 결정했다.(이제는 40년이 다 되어가지만, 외관도 그렇고 내부도 사는데 별 문제가 없다.) 아이가 좋아하는 그네를 매일 탈 수 있을 것 같아 마음에 꼭 들었다. 더욱 맘에 드는 것은 매일 아침 상쾌한 숲내음이 난다고 했다. 미국살이 첫 집구하기 퀘스트 완료.

미국 플레이 시작은 '캠핑용 침낭'에서부터 : 온라인 게임을 처음 시작하면 플레이어의 아바타는 아무것도 걸치지 않은 헐벗은(?) 채 게임로비에 등장된다. 미국에서의 첫 아침. 그와 별반 다를 게 없이 쌀쌀한 한기에 눈을 떴다. 어이없게도 우리 가족은 아무런 살림살이도 없는 미국의 첫 집에서, 침대도 이불도 없이 캠핑용 침낭에서 밤을 보냈다. 한국의 짐들은 배를 타고 건너와 LA 근교 롱비치(Long Beach) 항에서 통관 수속 중이었다. 헐벗은 플레이어 캐릭터 상태로 거의 1주일 가량을 아무 가구도 없는 집에서 보냈다.

미국 여행자에서 플레이어(생활자)로 거듭나기가 그리 녹록지만은 않았다. 미국 정착 다음날 눈을 뜨면서부터 집전화 신청, 도시가스, 전기, 인터넷 등의 생활에 가장 기초적이며 필수적인 퀘스트들을 풀어나갔다.

처음에는 뭐하나 제대로 되는 게 없었다. 한국의 친절한 서비스 상담원의 낭랑한 목소리를 기대한다면 꿈 깨시라. 상담원과 통화할 때까지 1시간은 기본, 2시간도 다반사다. 웬만한 인내심 없이는 화병이 날 정도다. 이제는 어지간한 것쯤은 체념을 하거나 맞춰가면서 적응이 되어가고 있다.

미국의 랭킹시스템(Visa System)

롤플레잉게임(RPG, Role Playing Game)을 하게 되면 대개 플레이어들은 맨 처음 레벨 1에서부터 시작하여 레벨 99까지 레벨업(등업, 등급 업그레이드) 시스템에 따라 게임을 플레이하게 된다. 마찬가지로, 미국을 플레이함에 있어서도 이와 유사한 등업시스템이 있는데, 바로 비자(VISA) 시스템이다.

각국의 비자시스템은 게임의 레벨개념과는 다소 차이가 있지만 많이 닮아있다. 그 중에서도 미국의 비자시스템은 게임의 등업시스템만큼 정교하진 않지만 상당히 세분화되어 있다. 대략 미국 비자의 종류는 50가지에 달한다는 사실을 아는 이는 거의 없을 게다. 게임을 즐김에 있어서, 각각의 세부레벨을 전부 신경쓸 필요가 없는 것처럼, 미국을 플레이함에 있어서도 그 모든 비자의 종류를 다 알 필요는 없다(미국 이민법을 전문으로 하는 변호사도 그 종류를 다 꿰진 못하니 염려 마시길……).

미국 체류 신분 : 미국 플레이어의 체류 신분은 크게 여행(방문)자(B1/

B2) 신분, 유학생(F1) 신분, 취업자(H1B) 신분, 주재원(L1) 신분, 소액투자자(E2) 신분, 영주권자(Resident) 신분, 그리고 장기체류자(Over Stay) 신분으로 분류할 수 있겠다. 미국인들 대부분에 해당하는 시민권자(Citizenship) 신분은 제외했다(필자의 경험에 따른 주관적인 분류다. 법적인 분류가 아님을 밝혀둔다. 또한 법적 체류기한을 넘긴 사람들을 흔히 '불체자(불법 체류자)'로 부르는데, 이것은 마치 중범죄자 취급하는 부적절한 표현이므로, 본 연재에서는 '장기체류자'로 명명한다).

최저 생활비가 월 5000불?

미국 우리 집으로 향하면서 아메리칸 드림, 아니 캘리포니아 드림을 꿨다. 이 때만 해도, 미국에서 게임사업으로 크게 돈도 벌고, '캠핑카'도 사서 미국 일주도 하고, 태평양 바다에 요트도 띄우고, 뒷마당이 넓은 집에서 주말마다 파티도 열고, 옆 집 사는 밥과 샘 그리고 애완견공들과 아침운동도 꿈꿨던 것이 사실이다.

그런데, 처음부터 숨이 턱 막혔다. 정말 게임 아이템거래 사이트에서 '스피드 업' 아이템을 사고 싶었다. 할 수만 있다면 미국 게임 고수에게 몸으로 막는 '몸빵'(?)이라도 받고 싶을 지경이었다.

미국에 와서 살아봐야 한국이 얼마나 편리한 선진국(?)인지를 알게 된다. 도착하자마자 해야 할 일이 산더미다. 특히, 미국선 남자들이 부지런해야만 한다. 한국에서야 친절한 각종 서비스 기사님들이 거의 총알같이 달려오지만, 미국에서는 정말 속 터지게 느리다. 그리고, 일단 누구든 방문하기만 하면 거의 예외 없이 출장비만 '100불' 가까이다. 왜, 미국인들이 차고(Garage, '그라지')에 그렇게 많은 도구며 재료들을 쌓아놓고 사는지 궁금증이 풀리기 시작하는 대목이다. 한국에서와는 달리, 웬만한 것은 직접 할줄 알아야 한다.

미국살림을 위해서는 최소 고정비만 대략 월 4000불(3~4인 가족 기준)이 든다는 계산이다. 여기에 주유비, 외식비와 문화비, 자녀 사교육비(이 역시 할 말이 많은 대목이다) 등은 빠졌다. 정말 알뜰살뜰하게 산다고 해도 월 5~6000불 이상은 잡아야 할 게다. 뉴욕이나 샌프란의 경우엔 10만 불 이상의 연봉자들도 살기에 팍팍하여 저축할 돈이 없다고 아우성이다.

미국 초기 정착 퀘스트들이 문제가 아니다. 미국 생활비를 감당할 만큼의 현실적 형편과 계획 없이 섣불리 미국 행을 결정하기엔 주저하지 않을 수 없는 현실이다. 필자도 미국행을 결심하면서, 미국 이민자들에게 수도 없이 물었던 월 생활비였다. 나름의 셈법으로 가감해서 이 정도지만.... 미국 현실은 더욱 팍팍하다. (후략)

더 자세한 내용은 '미국을 플레이하다(근간)'를 참조하기 바랍니다.
미국진출에 관심있는 분은 연락주시면 도움 드리겠습니다.

Designed by Hyoun mi ri

Gamification

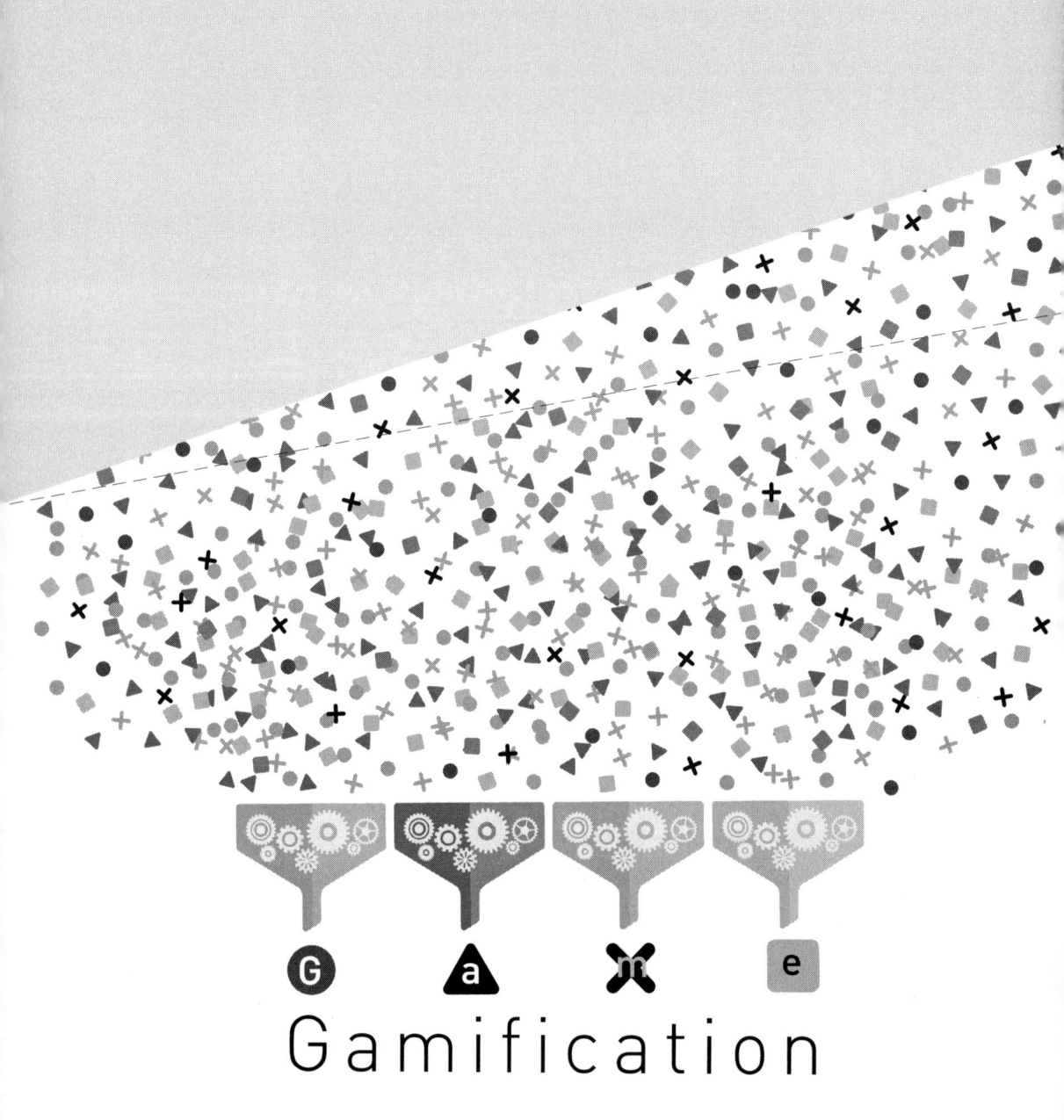

Gamification

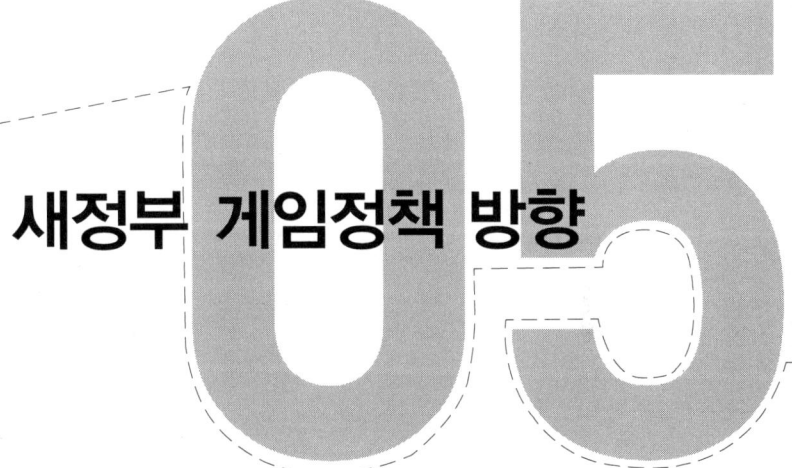

새정부 게임정책 방향

문재인 정부와 게임인들의 책무 | 게임인들을 위한 평생학습교육센터 절실
| 지속 가능한 게임 등 디지털콘텐츠 생태계를 위하여 | 차기 정부 게임정책, 이렇게 바꾸어야…
| 게임인 주도 공개토론회 필요 | 게임인이 원하는 주무부처?
| 새정부 게임정책 방향 : 게임정책, '산업'과 '여가' 그 다음을 고민할 때

Gamification

문재인 정부와 게임인들의 책무[1]

정부기관 발표에 의하면 올해 2017년 1분기 게임산업 종사자는 8만 명으로 집계되었고, 그 중 상장사직원은 10%를 넘는다. 새정부 출범이후, 8만의 게임인들과 8천 넘는 상장사의 게임인들이 정말 행복해졌을까 묻고 싶다. 국정농단세력들을 촛불로 끌어내렸지만, 아직도 우리사회에 만연한 적폐는 여전히 건재하며 게임계 또한 마찬가지이기 때문이다.

게임생태계 적폐를 보고만 있을 것인가?

대통령이 바뀌었지만, 게임계는 고사하고 정치권도 구태가 여전하다. 제1야당의 혁신위원장은 일본의 A급 전범이 세운 '사사카와 재단'의 후원을 받아온 교수다. 반면, 프랑스는 이 재단이 후원하는 학술행사를

---

1) 더게임스의 2017년 07월 20일자 칼럼을 토대로, 일부 재구성하였음.
http://www.thegames.co.kr/news/articleView.html?idxno=198591

철회했고, 철회를 주도한 카롤린 포스텔 비네 박사는 소송에 고초를 겪고 있다. 비네 박사는 '학자(전문가)들의 사회적 책무 2가지(성실한 감시, 용기있는 고발)'를 주장하며 당당히 맞서고 있다. 지금 우리나라 학자들과 리더그룹, 특히 게임전문가들에게도 꼭 필요한 덕목들이다.

문재인 대통령이 후보시절 게임계에 보낸 러브콜을 우린 기억하고 있다. 게임인들로 빼곡한 커뮤니티에 '문왕'으로 등장해 환호받았고, 스타크래프트 '문재인 전용맵' 또한 게임인들의 주목을 끌었다. 아들 준용씨가 게임벤처 임원으로 밝혀지면서, 게임생태계에는 진정 새날이 올 것만 같았다. 이를 전후하여, 국회의원들과 게임협단체들의 주도로 십여차례의 토론회도 국회에서 개최되었다.

국회 토론회에 나선 게임전문가들과 협단체장들은 너나없이 게임산업 발전에 적임자임을 자처하는 메시지를 냈지만, 묵묵히 게임생태계를 일궈온 게임역군들의 목소리는 거의 들리지 않았다. 그럼에도, 게임인들은 이구동성으로 게임생태계 복원을 기치로 내걸고 게임대통령을 연호했다. 앞의 게임전문가들과 협단체장들은 문 후보를 국회에서 지지했고, 같은 날 군소단체의 게임인들은 민주당사에서 문재인 지지선언을 하며 게임 등 디지털콘텐츠의 상생도 강조하였다. 그렇게, 게임인들의 갈채 속에 문재인 후보는 대통령이 되었다.

그런데, 안타깝게도 새정부 출범전후로 게임주무부처 논쟁이 불거졌고 진행형이다. 그간 게임을 관장해온 문화체육관광부(문체부)는 부적합하니, ICT 관련 부처인 미래부 등으로 옮겨야 한다는 것이다. 대통령 선거가 끝나고, 문체부 장관낙점에도 불구하고 칼럼과 인터뷰와 토론회들을 통해 연일 게임주무부처 논란을 키워가고 있지만, 정작 8만의 게임계 종사자들 대부분은 주무부처 이슈에 무관심하다. 개념있는 게임인들은 주무부처를 논할 때가 아니라, 지금은 문재인 정부를 도와 게임생태계 복원과 상생에 총력을 다하자는 분위기다.

적폐세력들 여전히 남아 실력 행사

[문재인 정부 게임생태계 상생발전 위한 국회 간담회 현장[2]]

그렇지만, 대통령이 바뀐 후 새 문체부 장관이 임명되었어도 게임인들의 좌절감은 여전하다. 게임계 낙하산들은 버젓이 게임판의 물관리에 여념이 없고, 아직도 수취인미상의 정책을 입안하고, 관성처럼 그 정책을 집행하고 있다. 특히, 국정농단 시기에 집행된 게임디톡스 사업은 미

---

2) 사진출처 : 한경닷컴 게임톡의 2017년 07월 20일 기사에서 인용

http://news.hankyung.com/article/201707209167v

공개로 진행되고 있는데, 게임질병코드 제정에 열을 올렸던 보건복지부(복지부)를 필두로 미래부, 여가부 등이 게임중독원인 규명하겠다며 수백억의 혈세가 배정되어 있다. 설상가상으로, 여성가족부(여가부)의 새 수장은 셧다운제를 더욱 공고히 할 기세라 우려도 크다.

이런 마당에 요란하게 부처논란을 키울 때가 아니다. 진정으로 게임생태계의 복원을 원하는 게임인이라면, 절차를 거쳐 임명된 문체부장관에게 힘을 실어주어 게임생태계들의 현안을 면밀히 검토하고 챙기도록 도와야 한다. 문체부도 게임인들의 여망에 부응하여, 관련 정부부처들의 게임정책들에 대해 세세히 파악하여 납득할 수 없는 정책은 원점에서 재검토해야 한다. 또한, 게임정책의 입안, 수립과 집행 절차도 점검하고, 정책담당관 및 산하기관 인사들의 재검증도 필요하다.

지금이야말로, 그간 관행처럼 행해져 온 게임계 적폐들을 하나하나 따지고 바로잡아야 할 때다. 이 대목에서 비네 박사의 발언을 한국의 게임계로 치환해보면, 게임인(특히, 게임전문가)들은 게임생태계를 성실하게 감시해야 하며, 게임계 적폐에 대해선 과감히 캐묻고 따져야 하며, 잘못된 사안은 용기내어 고발해야 한다. 우리 게임인이 아니면, 적폐세력에 의해 망가진 게임생태계를 누가 복원할 수 있단 말인가!

게임인들의 지지로 선출된 만큼, 문재인 대통령과 도종환 장관의 책무도 게임인들의 그것과 다르지 않다고 본다. 문재인 정부와 게임인들이 하나되어 게임생태계의 성실한 감시와 용기있는 지적과 행동을 실천하면, 야근과 주말특근에 쩌든 8만 게임인들이 정말 행복한 날이 올 거라 확신한다. 누구나 맘 놓고 게임을 즐기고, 맘 놓고 만들 수 있게 될 그날이 성큼 다가 올 것이다.

게임인들을 위한
평생학습교육센터 절실[3]

몇 년(혹은 십수 년) 후면 인공지능을 탑재한 로봇이 인간의 일자리 중 절반을 차지하게 될 수도 있다고 한다. '인공지능' 연구자의 입에서 나온 말이다. 그 없어지는 일자리 중에 '게임인'들의 일자리는 과연 온전할 수 있을까?

지난 토요일 오후, 기술미학연구소가 주최하고 게임인연대가 후원한 '이미테이션 게임 : 앨런튜링' 세미나가 열렸다. 게임인들과 일반인에게는 다소 생소할 수도 있는 '인공지능(Artificial Intelligence)' 분야의 내용이었지만, 100명이 훨씬 넘는 게임인들을 포함한 많은 이들이 자리를 채웠다. 대부분은 3시간 가까이 진행된 발제와 좌담회의 자리를 끝까지 지켰다.

세미나는 2차 대전을 성공으로 이끌었던 영국의 '앨런 튜링'의 일대기를 되짚어 보며, 최초의 컴퓨터의 기본 개념격인 '튜링머신(Turing

---

3) 더게임스의 2015년 04월 27일자 칼럼을 토대로, 일부 재구성하였음.
http://www.thegames.co.kr/news/articleView.html?idxno=182992

Machine)'으로부터 최근의 '인공지능'의 현황과 미래에 대한 흥미진진한 내용들이 다루어졌다. 특히, 게임인들의 눈길을 사로잡은 부분은, '인공지능'이 '벽돌깨기(Breakout)' 게임을 인간만큼, 아니 인간보다 훨씬 더 잘, 플레이하는 장면이었다. 조만간 '인공지능'은 스타크래프트(Starcraft) 같은 훨씬 복잡한 전략시뮬레이션 게임도 플레이 가능할 것이라고 한다.

상황이 이렇게 되면, '게이머'의 자리도 '인공지능'에게 내어 주어야 하는 것은 아닐런지?

문제는 '게이머'나 '프로게이머'뿐만이 자리를 위협받는 게 아니라, '게임개발자'들도 안전지대에 있다고 볼 수 없다. 게임엔진이 급속도로 진화에 진화를 거듭하여, 웬만한 알고리즘은 소스가 공개되는 추세이다. 더군다나 각종 게임 그래픽 애셋(Asset)들도 그리 큰 수고나 지출 없이 구할 수 있는 시대로 접어들었다.

그렇다고, 우리 게임인들은 무방비상태에서 속수무책으로 당하고만 있을 것인가? 바로 '게임인들을 위한 평생학습교육센터(이하, 센터)'가 필요한 이유다. 우리 게임인들이 지속적으로 함께 새로운 지식도 공유하고, 앞날을 위한 준비도 함께할 정보공유 공간을 제안한다. 센터는 게임인들의 재교육과 다가올 미래대비에 필요한 직무교육은 물론, 나아가 재취업이나 여가활동에 필요한 강좌까지 포함한다. 뿐만 아니라, 게임인들의 배우자나 자녀들을 위한 생활교양강좌와 특별활동 등 전반적인 영역까지 넓힐 수도 있다. 좀 더 구체적으로 살펴보면 다음과 같다.

첫째로, 게임업계 현업 종사자들을 위한 '게임인 재교육' 강좌들이 우선이다. 메이저 게임 대기업들의 경우 자체적으로 재교육 프로그램을 운영하는 것으로 알려져 있지만, 체계적으로 이루어지기 어렵고 필요한 경우 간헐적이거나 긴급 수혈하는 정도일 게다. 일부 기업에선 야심차게 센터와 유사한 교육기관을 문 열었지만, 결국 사업논리에서 벗어나지 못해 잇따라 문을 닫기도 했다. 하물며, 중소 게임기업들의 경우 '재교육'은 엄두도 못내는 현실이다. 이에, 정부나 지자체 혹은 대학교 주도의 게임업계 현업 종사자들을 위한 지속적이고 체계적인 '재교육' 프로그램의 운영이 꼭 필요하다. 게임디자인, 게임프로그래밍, 게임그래픽 등의 핵심게임개발 역량은 물론이고, 시시각각으로 변해가는 게임마케팅, 퍼블리싱, 운영 등의 전분야에 걸쳐 '게임인'들의 직무능력을 지속적으로 '업그레이드'할 수 있는 알찬 강좌들이 센터 내에 개설되길 기대해 본다.

둘째로, 미래 게임인들은 물론 일반인들을 위한 '게임기초교양' 강좌들도 필요하다. 게임업계 진출을 꿈꾸는 중·고등학생들이나 일반인들에게 '게임'의 본질과 순기능을 널리 알리면서, 기본적인 '게임제작'과 '게임산업'에 대해 이해시킬 강좌의 개설이 요구된다. 게임현업 실무자들이 직접 '미래 게임인'들과 일반인들에게 기본적인 게임기초디자인과 게임기초프로그래밍 및 게임기초그래픽 등에 대해 알기쉽게 이해시키는 식이다. 더 나아가 게임에 대한 편견과 오해를 불식시킬 수 있는 다양한 '게임교양' 프로그램도 운영되길 희망한다.

세째로, 게임인들의 인문학적 소양 함양과 신기술 트렌드에 대처하기 위한 '테크노인문학' 강좌들의 개설을 제안한다. 이 강좌들은 게임과 인문학(역사, 신화, 종교, 철학, 미학, 심리학, 문학 등)을 기반으로 한, ICT 신기술(IoT, 3D Printing, Big Data, Health, Wearables 등)의 학제간 융합강좌를 일컫는다. 다시 말해, 게임과 인문학 그리고 ICT의 결합강좌의 개설을 제안한다. 게임과 ICT 신기술의 융합, 즉 게이미피케이션(Gamification)을 제대로 이해하고 적용을 통해 우리 '게임인'들이 인문학적 소양과 ICT 신기술을 폭넓게 학습하고 연마가능한 학습의 장이 열리길 고대한다. 각 대학 게임학과나 게임교육기관은 여건상 졸업과 취업을 위한 포트폴리오 제작에도 빠듯한 실정임을 감안하면, 게임과 인문학 그리고 신기술이 융합강좌는 필수 과정임에 틀림없다.

마지막으로, 게임인과 배우자 혹은 자녀들을 위한 '일반생활교양' 강좌들의 개설도 시급하다. 재취업, 창업, 자격증, 귀촌, 취미, 여가생활 등을 위한 강좌들 말이다. 게임업계에 종사하다 보면, '게임 업(業)'의 개념상, 게임인들은 회사에서는 게임제작, 마케팅 등의 게임업무에 파묻혀 있기 마련이고, 주말까지도 밀린(?) 게임을 플레이하기 일쑤다. 이렇다 보니, 게임 이외의 다른 여가활동이나 취미생활이 쉽지 않을 뿐더러, 게임산업 이외의 분야에는 관심을 전혀 갖지 않게 되기 마련이다. 그런데, 현실은 게임보다 더 냉혹한 법. 진행하던 게임프로젝트가 중단되거나, 언제든 게임회사가 도산하거나 팀이 해체될 수도 있다. 무방비 상태에서 게임 이외의 타업종으로의 이직은 그리 녹록치 않다. 재취업, 창업, 자격증 등의 '일반생활교양' 과정들을 통해 남들보다 미리 닥칠지도 모를 냉혹한 미래를 대비하면, 새로운 분야의 창업이나, 게임 이외의 분야에 '게이미파이어(Gamifier)'로 재취업도 가능할 수 있다. 뿐만 아니라, 게임 이외의 폭넓은 분야에 관심을 가지고 준비하다 보면, 보다 더 적극적이고 자신감있는 '게임인'으로 영위할 수 있게 될 것이다.

이상과 같은 '평생학습교육센터'야말로 게임인들에게 실질적으로 도움이 될 것이 자명하다. 필요 시, 게임인들과 그 가족들의 의견과 수요를 수렴하면 좀 더 알찬 강좌들의 개설도 가능할 것이다. 게임산업을 전략적으로 육성하겠다는 지자체들이 저마다의 장밋빛 비전과 전략발표도 좋지만, 게임인들의 고용불안을 해소하고, 미래를 설계할 수 있는 교육센터가 설립되면 무엇보다 더 게임인들에게는 의미있는 일이 될 것이다. 재원의 마련도 다른 여타의 게인산업 육성책 보다는 수월할 것인데, 기존의 인프라를 적극 활용하면 가능할 것이다. 다만, 게임 대기업들의 게임교육기관의 실패선례들은 반면교사로 삼아야 하는데, 일반 게임기업들의 생생내기식 혹은 수익형 교육사업 방식은 절대 경계해야 할 것이다.

대한민국에서 '게임'의 위상을 높이고, 지금까지의 수세적인 대응이 아닌 좀 더 적극적이고 능동적으로 우리 사회의 저변에 깔린 '게임의부정적' 인식 전환을 위해서도 '게임인들을 위한 교육센터'가 필요하다. 일련의 정치권의 게임규제 움직임과 게임포비아(Gamephobia) 분위기는, 어찌보면 게임에 대한 '편견'과 '몰이해' 그리고 '정치적 고려' 등의 3박자가 맞아든 결과다. 이러한 게임규제와 게임포비아를 불식시킬 '게임순기능연구와 게임인문학 연구소'를 센터 내에 두면, '게임몰이해와 편견'을 일소시킬 객관적인 학문적 기반을 공고히 할 수 있을 것이다.

대한민국의 게임산업과 게임인의 미래를 위한다면 정부 지자체의 의지만으로도 센터의 설립은 그리 어려운 것도 아닐성 싶다. 금상첨화로 백년대계를 이해할 줄 아는 신뢰할 수 있는 대학교가 뜻을 함께한다면 '게임인 평생학습교육센터'의 설립은 한층 더 속도를 낼 수도 있을 것이다. '게임인 평생학습교육센터' 설립을 통해, 정치적으로는 '게임규제' 및 '게임포비아'의 프레임에서 빠져나올 수 있는 동시에, 기술적으로는 갈 수록 진화의 속도를 더하는 '인공지능'의 추격에 대비할 수 있길 소망해 본다.

 **Commentary**

> 한국의 게임 성장동력이 빈약한 이유도 게임 창작 인력의 인문학적 기초가 약하기 때문이다.[4] 따라서, 게임인 평생학습교육센터에서 '인문학' 교과는 무엇보다 중요하다.
> 게임을 하는 것 자체가 인문학적 행위로 볼 수 있다. 따라서, 게임비평분야에도 게임플레이 '경험'의 단순히 전달하는 공략집 수준을 넘어, 영화와 문학처럼 무수한 찬반양론이 나오는 '인문학적' 게임담론이 넘쳐나길 기대한다.

---

4) 경향신문의 2015년 7월 26일자 기사 "모순은 현질로 해결...다양하고 넓어지는 '게임의 담론'"에서 김정태 인터뷰 인용하였음

지속 가능한 게임 등 디지털콘텐츠 생태계를 위하여[5]

새정부 들어 초연결(hyperconnectivity)과 초지능(superintelligence)을 특징으로 소위 4차산업 혁명에 대한 기대만큼 우려도 크다. 인공지능(Artificial Intelligence, AI)을 필두로 하여 사물 인터넷(Internet of things, IoT), 빅데이터(Big Data), 클라우드컴퓨팅(Cloud Computing), 나노기술(Nano Technology) 등 혁신적인 지능정보기술이 경제·사회 전반에 융합되어 전혀다르게 변하는 세상에 살게 될 것이다. 걱정스러운 것은, 몇 년(십수 년) 후면 AI를 탑재한 로봇이 인간의 일자리 중 절반을 차지하게 될 것이라는 전망도 있다.

이 격변의 상황을 감지한 필자는 문재인 새정부 출범에 앞서 대통령 직속의 '디지털콘텐츠 상생 위원회' 설치를 주장하며, 디지털콘텐츠 산업 생태계의 현황을 진단한 바 있다. 첫째, 게임 등 디지털콘텐츠에 대한 부정적 인식 확산에 따른 구성원들의 자존감 결여, 둘째, 게임 등 디

---

5) 성남 Biz Plaza(Vol. 182)의 칼럼을 토대로 재구성하였음. 이 칼럼은 '게임'을 '디지털콘텐츠'로 범위를 확장하여 지속 가능성에 대해 기술하였다. 그러다보니, 일부 겹치는 부분이 있으니 독자님들의 양해를 구한다.

지털콘텐츠 창작 환경의 비정상적 왜곡과 산업 양극화 심화 그리고, 셋째, 게임 등 디지털콘텐츠 생태계 구성원들과의 공감대와 거리가 먼 인사와 정책 등이 그것들이다.

디지털콘텐츠 산업 생태계의 현안들

01. 우선, 초연결과 초지능 시대를 준비하자며 하드웨어만 강조한 채, 그 '핵심 내용물'인 디지털콘텐츠에 대한 중요성은 간과되어 평가절하 상태다. AI, IoT, Big Data 등의 차세대 정보지능기술의 표피적 미사여구에 현혹된 채, 그 내면의 고갱이인 '콘텐츠'의 디지털화를 등한히 하다간 '혁명'의 문턱에서 표류할 것이 자명하다. 그럼에도 외려 새정부들어 디지털콘텐츠 중 게임에 대한 부정적인 인식(셧다운제 등 규제)가 더 심해질 조짐을 보이고 있다. 게임 등 디지털콘텐츠에 대한 부정적 인식 팽배는 생태계 구성원들의 자존감의 결여로 이어지고 '디지털콘텐츠' 창작 경쟁력을 약화시켜 글로벌 산업 경쟁력을 잃게 될 수 있다.

02. 디지털콘텐츠를 귀히 여기지 않는 상황에서, 구성원들의 자존감 결여는 디지털콘텐츠 창작 환경의 비정상적 왜곡을 심화시키고 있다. 열악한 창작환경(무리한 야근, 주말근무, 비정규직 문제 등)에서 수반되는 '열정착취'는 장기적 관점에서 '디지털콘텐츠생태계' 기반 자체를 무너뜨릴 수 있다. 새 정부들어 일부 열정착취는 바로잡아지고 있는 듯하지만, 일시적이고 단편적인 이벤트로 끝날까 우려하는 목소리도 높다.

03. 이 우려의 목소리의 저간에는, 디지털콘텐츠 생태계 구성원들과 공감대와 거리가 먼 인사들과 정책들 때문이다. 이전 정부에서는 해당 전문 분야 이해도가 결여된 일부 인사들이 고위직에 임명되기 일쑤였다. 이러니 '생태계 구성원'들에게 꼭 필요한 실질적인 정책 집행은 커녕 자신의 영달에만 급급해왔으며 지금도 진행 중이다. 다시 새정부가 출범했으니, '관성'에 따라 '코드인사'가 일부 행해질 수도 있다. 그렇다 하더라도, 인지상정인 '코드인사'가 '필요조건'이라면, 우리가 속한 생태계에서 만이라도 구성원들이 '납득'할 '충분조건'을 갖춘 '적임자'가 임명되길 간절히 바라고 있다. 문재인 정부에서만큼은 필요충분조건을 갖춘 인사와 정책이 가능하지 않을까?

대통령 직속의 디지털콘텐츠 상생 위원회 필요

그렇다면, 디지털콘텐츠 생태계 구성원들은 이 거센 변화의 물결에 어떻게 대비할 수 있을까? 앞서 제안한 대통령 직속(혹은 그에 상응하는) '디지털콘텐츠 상생위원회(이하, 위원회)'가 대비책이 될 수 있다. 생태계 구성원들이 지속적으로 함께 새로운 지식도 공유하고, 앞날을 위한 준비도 함께 할 상생 위원회라면 말이다. 위원회는 지속가능한 디지털콘텐츠 정책연구 및 학술연구를 전담할 '디지털콘텐츠 상생기구(가칭. 상생기구)'와 구성원들의 생애주기별 평생교육을 담당할 '디지털콘텐츠 상생학교(가칭, 이하 상생학교)'를 두 축으로 구성되었으면 한다. '상생기구'와 '상생학교'는 편의상 기능별로 나눈 것으로, 물리적으로는 통합해도 무방할 것이다.

우선, 상생기구에서는 디지털생태계 상생 융합 연구과 지속 가능한 미래 정책연구와 수립을 목표로 한다. 3, 4차 이후에 다가올 N차산업 혁명시대에는 모든 문화예술콘텐츠의 '디지털화'는 거스를 수 없는 대세다. '문화'를 디지털화'할 수 있는 핵심역량을 보유한 전문가들의 위상 강화와 가치극대화는 '디지털한류' 열풍으로 이어져, '디지털문화강국, 대한민국' 이미지 제고와 국익에 큰 기여를 할 것은 자명한 이치다. 이에, 상생기구에서는 앞서 진단했던 디지털콘텐츠 생태계의 현안들 해결이 최우선 과제일 것이다. 즉, 디지털콘텐츠 생태계 구성원의 '자긍심'을 높이고, 투명한 인사와 정책집행을 통해, 디지털콘텐츠의 '가치'와 전문성을 인정함으로써, 대한민국의 최고의 신성장 동력으로서 디지털콘텐츠 위상 높이기가 관건이며, 그 3단계 전략은 다음과 같다.

01. 상생기구의 최우선 과제는 '문화예술법'에 게임 및 디지털콘텐츠 편입하여 '디지털콘텐츠창작자'로서의 자존감 강화다. 최대한 빠른 시일 내에 문화예술법에 '게임 등 디지털콘텐츠'를 포함시켜 창작의 욕 고취와 문화예술인으로서의 자긍심과 복지혜택 부여가 절실하다. 이렇게 되면, 인디창작자를 포함한 스타트업과 중소개발사의 창작활동이 활성화되고, 자연스럽게 디지털콘텐츠 분야 일자리 창출로의 선순환이 이루어질 것이다.

02. 디지털콘텐츠 각 분야별 생태계 모니터링 강화 및 전문인력 아카이빙과 네트워킹도 절실하다. 디지털콘텐츠 생태계구성원들의 입장이 정책의 입안 단계에서부터 충분히 반영되는지 살펴야만 견제와 균

형이 가능하다. 이를 위해, 디지털콘텐츠 각 분야별 소통채널 구축을 통한 실시간 모니터링 기능을 강화해야 한다. 뿐만 아니라, 상생기구는 디지털콘텐츠 전문 창작 인력 아카이빙과 네트워킹을 통한 시너지 창출도 꽤 해야 할 것이다.

03. 아카이빙을 통해 엄선된 적임자들의 풀(pool)과 함께 디지털생태계 상생융합을 위한 연구와 지속 가능한 미래의 디지털콘텐츠 정책의 연구와 수립, 집행되어야 한다. AI, IoT, Big Data 등의 차세대 혁명적 지능정보기술을 고도화하고 최적화할 산업적 측면에서의 디지털콘텐츠 상생연구와 정책수립도 급선무다. 나아가 지속적이고 상생 가능한 디지털인문콘텐츠, 디지털융합콘텐츠, 게이미피케이션 등의 중장기적인 학술연구도 상생기구를 통해서 전개해야 한다. 이를 위해서는 각 디지털콘텐츠 분야별 창작활동과 연구에 전념 가능한 안전장치 마련도 시급하다.

디지털콘텐츠 상생학교, 구성원들의 생애주기별 헤이븐(Haven)!

디지털콘텐츠 상생학교는 구성원들에게 다가 올 미래 대비에 필요한 생애주기별 맞춤형 직무교육은 물론, 나아가 재취업이나 여가활동에 필요한 강좌들까지 포함한다. 디지털콘텐츠 생태계 구성원들의 배우자나 자녀들을 위한 생활교양강좌와 특별활동 그리고 창업 및 재취업 등의 전반적인 영역까지 넓힐 수도 있다. 좀 더 구체적으로 살펴보면 다음과 같다.

01. 현업 디지털콘텐츠 산업 종사자들을 위한 '재교육' 강좌들이 우선이다. 규모가 큰 대기업들의 경우 자체적으로 재교육 프로그램을 운영하지만, 체계적으로 이루어지기 어렵고 필요한 경우 간헐적이거나 긴급 수혈하는 정도다. 일부 규모있는 기업에선 야심차게 이와 유사한 교육기관을 열었지만 비즈니스 논리에서 벗어나지 못하기 일쑤다. 그렇기에, 중소 디지털콘텐츠 기업들에겐 '재교육'은 요원하다. 이에, 정부나 지자체 혹은 대학교 주도의 디지털콘텐츠 현업 종사자들을 위한 지속적이고 체계적인 '재교육' 프로그램의 운영이 꼭 필요하다. 디지털콘텐츠 창작에 필요한 핵심게임개발 역량은 물론이고, 시시각각으로 변해가는 마케팅, 퍼블리싱, 운영 등의 전분야에 걸쳐 구성원들의 직무능력을 끊임없이 '업그레이드'해 줄 알찬 강좌들이 상생학교에 열려야 한다.

02. 미래의 디지털콘텐츠 구성원들과 관심있는 일반인들을 위한 '디지털콘텐츠 기초교양' 강좌들도 필요하다. 디지털콘텐츠 업계 진출을 꿈꾸는 중·고등학생들이나 일반인들에게 '디지털콘텐츠 산업'의 현주소를 알리고, 기본적인 '디지털콘텐츠 창작' 기술을 습득시킬 강좌도 필요하다. 디지털콘텐츠 산업계 실무자들이 직접 '미래의 디지털콘텐츠 인재'들과 일반인들에게 기본적인 디지털콘텐츠 창작기술에 대해 알기 쉽게 이해시키고 직접 프로토타이핑 해보는 강좌도 좋다. 더 나아가 게임 등 디지털콘텐츠에 대한 편견과 오해를 불식시킬 수 있는 다양한 '디지털콘텐츠 리터러시' 프로그램도 운영되길 희망한다.

03. 날이 갈수록 디지털콘텐츠 창작자들의 인문학적 소양 함양과 신기술 트렌드에 대처하기 위한 강좌들이 절실하다. 이 강좌들은 인문학(역사, 문학, 신화, 종교, 철학, 미학, 심리학 등)을 통해 다양한 디지털콘텐츠 소재발굴에 큰 도움이 될 것이 분명하다. 폭넓은 인문학적 콘텐츠와 차세대기술(AI, Iot, 3D Printing, Big Data, Healthcare, Wearables 등)의 학제간 융합강좌로 확장할 수 있다. 즉, 디지털콘텐츠 창작기술에 인문학과 차세대기술이 결합강좌의 개설을 제안한다. 이를 통해 디지털콘텐츠 구성원들이 인문학적 소양과 차세대 ICT 신기술을 폭넓게 학습하고 연마 가능한 학습의 장이 열리길 고대한다.

04. 디지털콘텐츠 생태계 구성원들과 배우자 혹은 자녀들을 위한 '일반생활교양' 강좌들의 개설도 시급하다. 재취업, 창업, 자격증, 귀촌, 취미, 여가생활 등을 위한 강좌들 말이다. 현업에 종사하다 보면, 업무에 파묻혀 있기 마련이고, 주말까지도 잔업하기 일쑤다. 이렇다 보니, 여가활동이나 취미생활이 쉽지 않을 뿐더러, 본업 이외의 분야에는 관심을 전혀 가질 수 없는 여건이다. 이렇게 쉴새없이 뛰어도 현실은 가혹한지라, 진행하던 프로젝트가 중단되거나, 언제든 회사가 도산하거나 팀이 해체될 수도 있다. 이런 무방비 상태에서 타 업종으로의 이직은 그리 녹록치 않은 게 현실이다. 재취업, 창업, 자격증 등의 '일반생활교양' 과정들을 통해 남들보다 미리 닥칠지도 모를 냉혹한 미래를 대비하면, 새로운 분야의 창업이나, 본업 이외의 분야에 재취업을 노릴 수 있다. 이상과 같이 디지털콘텐츠 상생학교가 잘만 운영된다면 구성원들에게 실질적으로 도움이 될 것이 자

명하다. 필요시, 구성원들과 그 가족들의 의견과 수요를 수렴하면
좀 더 알찬 강좌들의 개설도 가능할 것이다.

지속 가능한 상생연구와 상생교육의 터전
'디지털콘텐츠 상생위원회'

문재인 새정부에서야말로 '디지털콘텐츠'의 위상을 높일 절호의 기회
다. 지금까지의 수세적인 대응이 아닌 좀 더 적극적이고 능동적으로 우
리사회의 저변에 깔린 게임 등 디지털콘텐츠에 대한 '부정적' 인식 전환
을 위해서라도 위원회가 꼭 필요하다. 일부 부처의 셧다운제 공고화 움
직임은 어찌보면 '편견'과 '몰이해' 그리고 '정치적 고려' 등의 3박자가 맞
아든 결과다. 이를 불식시킬 수 있는, 학문을 기반으로 한 객관적인 '순
기능 연구'도 디지털콘텐츠 상생위원회(상생기구+상생학교)의 몫이다.

디지털 콘텐츠산업을 전략적으로 육성하겠다는 지자체들이 저마다
의 장밋빛 비전과 전략발표도 좋지만, 구성원들의 고용불안을 해소하
고, 미래를 설계할 수 있는 디지털콘텐츠 위원회(상생학교)가 설립되면
무엇보다 더 구성원들에게는 의미있는 일이 될 것이다. 재원의 마련도
다른 여타의 산업 육성책 보다는 수월할 것인데, 기존의 인프라를 적극
활용하면 가능할 것이다. 다만, 기존의 정부와 대기업들의 교육기관(아
카데미)의 실패선례들은 반면교사로 삼아야 하는데, 정부나 기업들의
생생내기식 혹은 수익형 교육사업 방식은 절대 경계해야 할 것이다.

차세대의 먹거리와 일자리 창출이 대명제인 새정부에서야말로 '디지
털콘텐츠 상생위원회' 발족은 필수불가결하다. 재차 강조하지만, N차

산업 혁명 하에서 디지털콘텐츠의 중요성은 더더욱 커질 것이니 말이다. 새로운 기술의 진화와 트렌드에 대응할 수 있는 지속적인 디지털콘텐츠의 정책연구와 수립 그리고 집행을 위해서도 그렇고, 구성원들의 생태계 존속을 위해서도 필요하다. 사회·정치적으로는 '규제' 및 '부정적 인식'의 프레임에서 빠져나올 수 있는 동시에, 기술적으로도 갈수록 진화의 속도를 더하는 지능정보기술(특히, AI)의 추격에 대비할 상생연구와 상생교육의 터전인 '디지털콘텐츠 상생위원회'의 출범을 소망한다.

끝으로, '게임'은 디지털콘텐츠 중 가장 큰 비중을 차지하고있으니, '게임생태계'와 '디지털생태계'는 불가분의 관계다. 따라서, 이제는 게임생태계 뿐만아니라 '디지털콘텐츠 생태계' 전체에서의 '게임'이 가지는 사회적 역할과 '게임인'의 책무를 고민할 때이다.

차기 정부 게임정책, 이렇게 바꿔어야…⁶

대선 캠프 초청 〈게임생태게 복원 토론회〉 주최 인터뷰

박근혜 정부의 지난 4년은 게임인들에게도 암울한 시기였다. 국정농단의 주역들이 문화산업을 쥐락펴락하면서 게임산업도 많은 악영향을 받아서다. 따라서 게임업계는 차기 정부에 바라는 기대치가 높다.

지난 25일 서울 디캠프(D.CAMP)에서는 게임업계의 여러 전문가와 주요 대선캠프 정책담당자가 한자리에 모여 '게임생태계'에 대한 우려와 발전방향을 논의하는 〈게임생태계 복원 정책 토론회(이하, 게임생태계 토론회)〉가 열렸다.

이날 토론회에서 김정태 게임인연대 대표(동양대 교수), 한국대중문화예술산업총연합 최승훈 정책보좌역, 한국모바일게임협회 김현규 이사, 게임개발자연대 김환민 사무국장, 인디라! 인디게임개발자모임 이득우 부대표 등 게임인들은 발제와 토론을 통해 다양한 의견을 개진했

---

6) 머니S의 2017년 03월 31일자 칼럼을 토대로, 일부 재구성하였음. http://moneys.mt.co.kr/news/mwView.php?type=1&no=2017033117268087839&outlink=1

고, 문재인 캠프 황재훈 정책보좌관과 안희정 캠프 서영훈 정책보좌관 등은 업계의 목소리를 빠짐없이 캠프에 전달하겠다고 약속했다. 이 토론회를 기획한 김정태 교수를 만나 게임산업의 당면 과제와 해결방안을 들어봤다.

Q. 이번 '게임생태계 토론회'를 기획하게 된 배경은 무엇인가?

최근 국정농단을 틈타 '게임생태계'를 교란시키려는 세력들의 활동이 게임인들뿐만 아니라 우리 국민 전체의 눈과 귀를 어지럽히고 있다. 이런 행태에 경종을 울리기 위한 것이 첫 번째다. 유력 대선주자의 캠프에 일찌감치부터 '게임계 오피니언 리더'라며 줄을 대는 인사가 있는가 하면, 게임산업에 대한 이해가 거의 없는 이들이 '게임산업 전문가'를 자처하며 언론플레이를 한다. 이러다 자칫 게임업계에 또다른 재앙이 다가올까 우려스럽다.

[2017년 3월 25일, 게임인들과 주요 대선캠프 정책담당자가 함께, 게임/미디어콘텐츠생태계 복원을 위한 정책 토론회를 개최하였다]

Q. 언제부터 게임생태계가 교란되었다고 보는가?

2000년대 초반, 대한민국 온라인게임의 위상은 세계 정상급이었다. 이때까지만 해도 게임생태계는 상생과 상호존중의 문화가 있었지만, 2000년대 중반 '아케이드게임 사태(바다이야기)'라는 시련을 겪은 이후 기형적인 행태로 교란되기 시작했다. 2004년부터 '수면권 보장'이라는 명분 아래 불거져 나온 '게임셧다운제' 이후 하늘 높았던 '온라인게임 종주국'의 위상이 추락하기 시작했다. 셧다운제가 2011년 11월 국회를 통과하자 세계 각국에서 '신데렐라법'이라며 조롱했다. 게임계의 지속적인 반발에도 2014년 4월 셧다운제 합헌 결정이 내려졌고, 현재도 이 법안은 게임생태계에 멍에처럼 버티고 있다. 이후 소위 잘나가는 게임사들이 몸집을 키우며 '게임대기업'의 등장이 본격화됐다. 동시에 허리를 담당해주던 '중견기업'들이 도태되면서 양극화가 심화되고 게임생태계가 극심히 교란되고 있다.

Q. 최근의 게임생태계 교란 사례가 있는가?

한국콘텐츠진흥원(이하 콘진원), 게임물관리위원회(이하 게임위) 같은 게임 관련 정부산하기관이 대표적 사례다. 문화체육관광부 산하기관으로 게임 관련 산업의 정책실무를 담당하는 콘진원의 수장 송성각 씨는 현재 국정농단의 주역 중 한명으로 구속수감된 상태다. 후임도 아직 임명되지 않았다. 이런 상황에서 올바른 게임산업 정책이 제대로 입안하고 집행되기 어렵다. 송씨와 직간접적으로 이해관계에 있는 자들이 그 조직 내외에 남아 암약하고 있을 가능성이 높다. 문체부 산하 직속기관인 게임물 관리위원회도 문제다. 게임위 위원장 Y씨는 공개적인 게임계 행사에서 "게임의 물을 관리하겠다"고 공언하고 다녔다. '게임의 물 관리'라는 말은 게임사에겐 엄청난 부담으로 느껴질 수 있다. 참고로 Y씨는 최순실 일당의 권세가 하늘을 찌를 당시 게임위에 임명되었으며, 게임위 임원의 임명절차와 관련해 국정감사에서 낙하산 의혹이 제기되기도 했다.

그런데 이 게임위가 최근 '게임의 흑역사'를 새로 쓰겠다며 국회의원들을 동원해 토론회를 수차례 개최해 게임인들의 눈살을 찌푸리게 만들고 있다. 그간 게임위가 대기업이나 아케이드게임업계의 입장을 대변하는 듯한 행보와 토론회를 이어가는 동안 중소게임사들과 게임개발자들은 눈치를 보며 순응할 수밖에 없었다. 게임생태계 전반에 득이 되는 정책 연구에 박차를 가해도 부족한 상황에 비싼 세금을 들여 '게임위 캐릭터'를 개발, 공개한 것도 우스운 얘기다.

Q. 게임인연대가 주장하는 게임생태계 복원정책은 무엇인가?

기본적인 골격은 게임인들 스스로 자존감을 높일 수 있는 게임생태계 내부 자정운동을 우선적으로 전개해야 한다는 것이다. 정치인과 일부 공무원들에게만 기댈 것이 아니라 우리 '게임인' 스스로 게임생태계를 혁신해야 한다. 그러려면 게임인들 사이에 왕성한 소통이 필요하다. 게임계는 다른 산업계와 달리 게임인들 간의 소통이 거의 없는 편이다. 따라서 게임생태계를 구성하는 학계, 산업계, 정·관계, 학생, 게임 사용자 등의 왕성한 의견 수렴과 발전적 토론을 통해 건강한 '인재풀'을 형성해야 한다. 이를 위해 가칭 '게임생태계 위원회'를 조직해 전반적인 모니터링과 검증을 수행해야 한다. 각계의 게임인들이 어떤 형태로든 참여해 정부산하 게임 관련기관의 인사들을 직접 검증하고 낙하산 인사들을 원천 차단해야 한다. 현행 정부산하 게임 관련 기관장들의 검증도 당연히 포함해야 하고, 차기 정권의 정부산하 게임 관련 기관장들의 인사검증에 게임인들이 직접 참여할 수 있는 '게임인 검증시스템'을 구축해야 한다.

Q. 게임 중복규제와 자율심의 문제는 어떻게 풀어야 하는가?

2004년 게임셧다운제 발의에 이어 2010년대에 들어서도 게임중독법, 게임세금징수법 등 게임을 중독물질로 보고 강제하려는 법들이 지속적으로 발의돼 왔다. 셧다운제는 유명무실한 상황이지만, 언제든 틈만 나면 꿈틀대고 발의될 수 있는 '게임중독' 프레임을 완전히 소멸시킬 수 있는 묘수가 필요하다. 게임물에 대한 '자율심의'는 일부 이해당사자(비전문가, 대기업, 아케이드업계 등) 주도하에 주먹구구식으로 추진되는 것 같아 우려의 목소리가 많다. 자칫 아케이드게임사태의 전철을 밟게 되면 또 한번 게임생태계가 심하게 교란되고 게임산업 자체가 위기에 빠질 수 있다. 건강한 게임생태계 발전을 위해서는 게임인들의 적극 참여하에 '자율심의'와 '확률형아이템' 등의 문제에 대한 해법을 도출해야만 한다.

Q. 토론회에서 '게임산업진흥원'을 부활시켜야 한다는 주장도 제기됐는데 이에 대해 어떻게 생각하는가?

그렇다. 이 사안에 대해 일부 우려의 목소리가 있는 것도 안다. 중요한 건 게임인들이 납득할 만한 인사들이 게임정책을 입안 및 집행해야 한다는 것이다. 또 필요하다면 대통령 또는 총리 직속 기관으로 격상시켜야 한다는 입장이다. 정확한 '게임업무담당 주무부처' 또는 '게임발전전담기구'를 게임인 주도로 만들자는 얘기다. 이름은 '게임산업진흥원'도 '게임산업부'도 '게임위원회'도 될 수 있다. 뭐가 되든 지금까지처럼 비전문가가 게임정책을 만들고 집행하게 두면 안 된다. 현재 문체부가 게임산업을 관할하는 상황에서 최선책은 콘진원에서 게임을 완전히 독립시켜 게임전담기구를 신설하는 방법이라고 본다. 콘진원에서 게임을 분리할 수 없다면, 최소한 걸맞는 인력과 자금을 지원받아 지위가 격상돼야 한다. 현재처럼 문체부, 과기정통부, 여가부, 복지부 등 분산된 정부 부처의 정책 집행은 한계가 뚜렷하다. 게임산업 지원은 물론 게임심의업무까지 총괄하는 강력한 '게임발전기구'를 중심으로 게임을 차세대 먹거리로 육성시켜야 한다.

게임인 주도 공개토론회 필요[7]

                     Game

'게임'이 정치권에서 요즘처럼 관심 받았던 적은 별로 없었던 것 같다. 올들어서만 국회의원들과 게임협단체이 일주일이 머다하고 관련 토론회들이 개최되고 있다. 국회 일각에서는 '게임' 관련 토론회는 그만 좀 하자는 이야기까지 나온다고 한다. 그러더니 급기야 '게임'을 둘러싼 '공방전'에 유력 대선 후보까지 가세했다. 한 편에선 '게임' 덕에 좋은 일자리를 찾았으며 게임의 긍정적 인식 전환이 필요하다고 강조했고, 반대 쪽에서는 '게임'을 비난하는 글을 올렸다가 황급히 삭제하는 소동이 벌어졌다. 이런 마당에, 어떤 대선캠프에서든 '게임정책'에 소홀히 할 수 없는 상황이 되었지만, 우리 게임인들이 마냥 손 놓고 있을 상황은 아니다.

그도 그럴 것이, 지금 게임생태계는 무주공산이다. 게임정책의 주무관청을 쥐락펴락했던 차은택(전, 창조경제추진단장)과 송성각(전,콘텐츠진흥원장)은 실형을 구형받고 선고를 기다리고 있다. 지난 정부에서 게

---

7) 더게임스의 2017년 04월 19일자 칼럼을 토대로, 일부 재구성하였음.
   http://www.thegames.co.kr/news/articleView.html?idxno=196631

임정책을 포함하여 문화정책의 큰 그림을 그리고 집행실무를 주도했던 이들이다. 게임인들을 더 애타게 하는 것은, '게임' 정책 집행기관인 콘텐츠진흥원 수장이 수개월째 공석(대행체제)으로, 차기 정부의 눈치를 보는 형국이다.

정치권·정부 주도 토론회 공감대 적어

그렇기에, 이틈에 '게임인'들의 공감대와는 무관한 방향으로 국회토론회가 열리고 있다. 우리 게임인들은 이 국회 토론회를 주도해오고 있는 국회의원과 게임협단체들에 주목해야 한다. 국회 게임토론회에 가장 적극적인 이들은 '셧다운제'를 최초 발의한 국회의원과 낙하산 게임 인사로 물의를 빚어오고 있는 '게임물관리위원회(이하 게임위)'이다. 이 국회의원과 게임위는 진정으로 대한민국 게임생태계의 발전을 위하는가 묻고 싶다. 국회게임토론회를 주관하는 양 측의 주장은 겉으로는 '게임산업규제완화'지만, 과연 누굴 위한 걸까?

돌이켜보면, 대한민국의 게임생태계가 초토화되기 시작한 원흉이 '셧다운제'와 '사행성이슈'가 아니었던가? 유명무실한 '게임셧다운제'로 비롯된 '게임생태계초토화'라는 '원죄'에는 침묵한 채, '잘못된 게임규제'를 바로잡고, '잘못된 게임인식'을 개선하자며 국회에서 소리높이고 있다. 더욱 우려스러운 것은 게임위 주관의 토론회인데, 아케이드 및 주요 게임산업협단체가 앞장서고, 국회의원과 교수 등 전문가들이 가세하여, '노름'에서 '놀이'를 구하자며 토로하고 있다. 연거퍼 '사행성'이 농후

하여 '게임'으로 치부하기에도 민망한 '고포류(고스톱/포커)'의 '베팅'액을 상향 조정해 달라며 조르고 있다. 대선이 임박한 시점인지라, 토론회 주제와 패널들의 적절성에 우려를 표하는 게임인들이 상당수다.

주최측이 주장하는 '게임규제' 완화라는 대명제는 일단 환영한다. 그런데, 규제완화를 빌미로 '게임 결제상한액'을 '상향'해 달라는 주장은 커다란 모순이다. 게임을 노름에서 구하자면서, 사행성류(도박, 로또, 경마 등)에 강제된 '구매상한액'을 높여달라는 게 말이 되나? 게임이 사행성류와 다르다면서, 결제상한선을 올리자는 것은 자승자박이다. 게이머 (플레이어)들의 커뮤니티엔 오늘도 '확률형아이템' 공정성에 대한 분노가 들끓고 있다. 이 와중에, '사행성'이 농후한 '경계의 것'들까지 '게임'으로 품으려 해서는 안 된다. 장기적 안목에서 볼 때, '사행성류'는 '게임'에서 확실히 분리시켜야만 '게임생태계'가 건강해질 수 있다.

언필칭 '게임생태계' 발전을 위한다면, 이 정치인과 게임위는 결자해지 차원에서라도 '게임인'에게 진심어린 사과와 소통이 선행되어야만 한다. 게임인들은 "게임에 대한 인식이 바뀔 때가 되었다"는 뻔한 인사말 대신에, "'게임셧다운제' 발의에 이름을 올린 것은 '잘못된 판단'이었으니, 진심으로 사과드립니다."라는 말을 듣고 싶다. 아울러, 노름에서 게임을 구하자고 외치기 전에, '낙하산 인사' 의혹에 대한 확실한 해명이나 사과가 먼저다.

차기 정부에도 정책제안해야

원컨대, 건강한 게임생태계를 위한다면 지금이라도 게임인(게이머, 게임개발자, 게임계종사자, 게임언론, 게임연구자 및 학생)들이 주축이 된 '소통의 장'을 펼쳐보자. 차기 정부에 어필하려는 일부 이해 당사자들만의 토론회를 넘어서야 한다. 게임생태계에 실질적인 도움이 될 수 있도록 게임인들 주도의 누구나 발언 가능한 토론회여야 한다. 차기 정부 출범 전이나 이후에도 지속적으로 게임인들 중심이 된 꾸준한 공개토론회를 기대한다.

그렇게 우리 의지로 만든 공개토론회에서 우리 게임인들의 의견을 수렴하여 차기 정부에 '게임정책'도 제안하자, 게임생태계의 불편부당한 '속내'도 가감없이 공론화해야 하고, 바꿀 건 바꿀 수 있는 계기로 삼아야 한다. 이 '게임인 주도 공개토론회'야말로 차기 정부에 또 다른 차은택, 최성각 같은 또 다른 적폐세력을 막기 위한 필요충분조건이라고 믿는다.

게임인이 원하는 주무부처?

게임은 산업의 틀이 갖춰지기 전인 1998년까지 보건사회부 위생과에서 '관리'의 대상이었던 천덕꾸러기 신세였다. 그러나, 김대중 정부가 출범하면서, 컴퓨터 게임 등 각종 문화산업을 육성하기 위한 3천억 원의 특별기금의 조성과 함께 '게임'은 1999년부터 문화관광부의 문화산업국 음반게임과에 둥지를 튼다. 이후, 게임은 양적 성장에 따라 '돈이 되는 산업'이라는 인식이 팽배해지며 정부의 각 부처에서 관심을 갖는 형국이 되어 왔다.

그런데, 새정부들어 게임산업 육성과 게임규제 전면철폐를 이유로, 게임을 문체부에서 떼내어 ICT 관할 부처인 미래창조과학부 등으로 옮겨야 한다는 이들도 상당수다. 올 초부터, 이들은 수차례 토론회와 언론을 통해 대기업이나 아케이드게임계의 입장을 대변하는 게임규제의 전면철폐와 주무부처 이관을 강력히 피력해 오고 있다. '게임셧다운제'처럼 불필요한 규제의 철폐는 타당하겠지만, 이를 넘어 '성인게임 규제 완화', '웹보드 월과금상한액 철폐' 등 '사행성' 사태를 연상시키는 '게임산업 규제 전면 철폐' 주장은 우려를 넘어 위험해 보인다. 굳이 지금 들고 나올 사안일까?

이들의 주장은 산업적 매출 증대를 무리하게 강조하여 '게임'을 'ICT 산업'의 종속변수로 고착시킬 우려가 있다. ICT 주력 정부부처에서는 '게임'은 우선순위에서 밀릴 게 자명하고, ICT 인프라와 관련 하드웨어 성능시험의 보조재가 될 뿐이다. 이런 이유에서 우리 게임인들은 '게임'의 ICT 종속 변수화를 경계해야 한다. 게임을 ICT의 종속변수가 아닌, 게임 그 자체를 '상수'로 견지하면서, ICT 인프라는 '게임'을 빛나게 해주는 '촉매' 역할에 충실해야 마땅하다. 게임은 ICT의 부속물이 아니다.

기실 게임인들의 관심사는 주무부처가 어디이냐 보다는, 과연 어떻게 하면 '게임생태계'의 상생발전을 위한 '해법이 뭐냐'이다. 그렇기에 혼란을 최소화 하면서 '게임'이 '산업'적 재도약과 지속가능한 '문화예술콘텐츠'로서의 위상을 높이기 위한 주무부처는 '문화예술' 전담부처가 맞다. 당부하자면, 과학기술정통부(과기정통부)와도 긴밀한 협력관계를 유지하며, 여성가족부, 보건복지부 등과의 정책 조율과 공조를 위해 최선의 노력을 다해 달라는 것이다.

협치의 좋은 예인 '지스타' 국제전시회는 정부부처 간의 공조와 협력의 산물이었다. 당시, 주무부처였던 문화부가 정통부, 산업부, 서울시 등과 콜라보를 통해 지스타를 성공리에 출범시켰다. 문화부 정책담당관들의 꾸준한 관심과 지원 그리고 지스타조직위의 실행력에 더하여 게임언론 및 각계 게임전문가들과의 왕성한 소통과 공조로 국제게임전시회로서의 기틀을 조기에 다질 수 있었다. 새정부에서도 문체부의 강력한 리더십과 조율로 과기정통부, 여가부, 복지부 등과 게임계의 상생발전을 위한 공조체계가 구축되길 게임인들은 강력히 촉구한다.

끝으로, 가능하다면 게임인들은 문체부 산하 콘진원에서 게임을 완전히 독립시켜, 게임에 관한 총체적인 지원과 자율심의까지 총괄하는 강력한 '게임발전기구' 출범시키길 원한다. 콘진원에서 게임을 분리할 수 없다면, 최소한 기여도에 걸맞는 인력과 자금을 확보가 가능한 지위 격상을 원한다. 이상과 같이, 게임인들은 게임생태계 상생발전 주무부처로서 문체부의 강력한 쇄신, 실행 그리고 공조를 원하고 있다.

게임, '산업'과 '여가' 그 다음을 고민할 때[8]

Game

게임 주무부처 문화체육관광부장관에 도종환 의원이 인사청문회를 무난히 통과했다. 필자는 '게임=문화', '게임=예술'이어야 한다고 주장해 오고 있는 마당에, 문화와 예술을 아는 시인 출신 문체부 장관은 반길 만하다. 내친김에 문체부에서 게임인들의 여망을 헤아려 '게임'을 이제는 당당한 '문화'로 그리고 '예술'로 이해하고 인정해주길 고대한다.

일각에서는 도종환 의원이 새로운 문체부 장관 후보에 발표되기가 무섭게 문체부의 블랙리스트를 거론하며, 문체부에서 '게임'을 떼어내야 한다는 목소리가 넘쳐왔다. 국정농단 세력들이 문체부에 잔존하니 '게임'발전을 기대하기 어렵다는 논리다. 하지만 조금만 따져보면, 국정농단 당시 문체부의 장차관을 포함한 '의식'있는 고위공무원들은 '블랙리스트 작성'에 항명하여, 수십 년의 공직생활의 접어야 했다. 이게 어디

---

8) 전자신문의 2017년 06월 19일자 칼럼을 토대로, 일부 재구성하였음.
   http://www.etnews.com/20170619000082

문체부의 책임인가?

그리고, 문체부의 게임에 대한 전문성과 의지도 문제 삼는다. 게임을 방송, 출판, 캐릭터 및 음악 등 여타의 콘텐츠와 한데 묶어 '비빔밥' 기관이 된 '콘텐츠진흥원'의 전문성이 문제라면, 그 조직의 혁신과 분야별 전문성 고도화 재구성으로도 가능한 일이다. 그런데, 아예 문화산업을 관장하는 부처에서 '게임'을 도려내어 ICT 산업 주무부처로의 재배치하자는 주장이 '게임 산업'을 위하는 일인지 의문이 든다.

게임을 문체부에서 분리하자는 이들은 게임을 ICT 산업 맥락에서, 연일 게임규제의 '전면철폐'를 주장하고 있다. '게임셧다운제'처럼 불필요한 규제의 철폐는 타당하다. 허나, 셧다운제를 넘어 '성인게임 규제 완화', '웹보드 월과금 상한액 철폐' 등 '사행성' 사태를 연상시키는 '게임산업 규제 전면 철폐' 주장은 우려를 넘어 위험해 보인다.

이 주장은 산업적 매출 증대를 무리하게 강조하여 '게임'을 'ICT 산업'의 종속변수화시키고 있다. 이러한, 게임의 ICT 종속변수화는 '게임생태계' 구성원들 전체적인 공감과는 거리가 멀고, 특히 '게이머'들의 '여론'과는 정반대다.

문재인 새정부의 문체부 장관에 바라는 게임정책 방향

산업적 측면에서의 해법은, 게임콘텐츠 역시 문화콘텐츠의 '디지털화'의 맥락으로 풀어가야 한다. 게임을 ICT의 종속변수가 아닌, 게임 그 자체를 '상수'로 견지하면서 ICT 인프라는 '게임'을 빛나게 해주는 '촉매' 역할에 충실해야 한다고 본다. 과기정통부와는 협력적 관계를 유지하며 상호보완 관계를 이뤄야 한다. 미래창조과학부뿐 아니라 여성가족부, 보건복지부 등과의 조율과 협조도 더욱 중요함은 물론이다.

　이제라도, '게임생태계'의 복원과 지속가능성을 위해 과거 'ICT 산업 프레임'과 '사행성강화' 프레임으로의 회귀가 아니라, 미래 '패러다임'을 준비할 때이다. 게임은 '공학'기반을 넘어 '인문학'으로, 'ICT 산업'을 넘어 '문화예술창작활동'으로 도약할 때가 아닌가?

　한때 '화형식'까지 당했던 만화도 이젠 엄연히 '문화예술'의 범주에 법률로 명문화하여 자리 잡고 있다. 이에 자극받아, 19대국회에선 김광진 의원을 위시한 게임인들의 노력으로 '게임예술법'을 발의했었다. 새로 시작한 20대 국회에서도 김병관 의원이 재발의하여, '게임'도 바로 '문화예술법'의 테두리 안에 들어가기 직전이다. 이런 마당에, 게임을 'ICT 산업'과 '사행성'으로 자기적멸(自己寂滅)해야겠는가?

　이번기회야 말로 '게임'에 대한 그간의 '프레임(산업, 사행성, 중독, 확률형문제)'을 훌쩍 뛰어넘을 절호의 기회라고 생각한다. 당면한 '게임생태계 복원'을 그저 양극화된 게임산업계의 '매출' 증대로 그칠 일이 아니다. 그 보다는 지속 가능한 문화적 예술적 '창작활동'으로서의 '게임', 이제는 당당한 인문콘텐츠로서의 '게임'으로의 위상을 높일 때이다.

　그렇기에, 지금이야말로 게임인들이 힘을 모을 때다. 셧다운제 같은 불필요한 규제와 함량미달의 게임계 낙하산들로 인해 망쳐진 게임생태계 복원은 이제부터 시작이다. 도종환 장관을 위시한 문체부가 '게임'의 모든 것을 속속들이 이해하고 올바른 게임정책 집행할 수 있도록 힘을 실어줘야 한다. 그래야, 능력 있고 전문성 높은 게임 관련 기관장들의 인선도 공정하게 이뤄질 수 있다. 우리 게임인들의 지속적인 관심과 응원이 더 필요할 때이다.

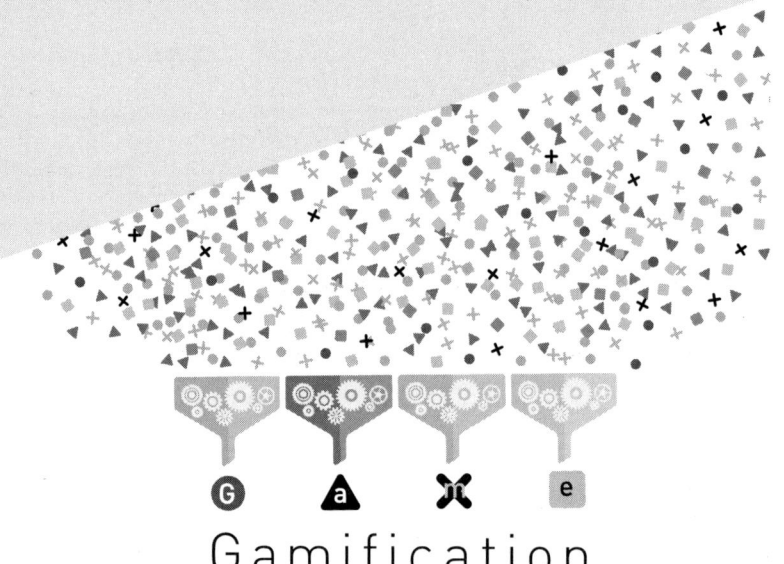

Gamification

Epilogue
게임생태계 상생발전을 위한 제언

★문재인 정부들어 '게임'의 발전방향에 대한 기대가 큰 만큼 우려의 목소리도 적지않은 상황이다. 셧다운제를 고수하는 신임 여가부 장관을 필두로, 게임에 대한 우리 사회의 인식은 여전히 부정적이다. 뿐만아니라, 게임을 단지 '여가'나 '산업'적 맥락에서의 구태의연한 게임정책이 반복되지 않을까 하는 우려도 크다.

우선, 새정부 일각에서도 게임을 그저 '여가'로만 폄하한 채, 게임의 부정적인 측면을 강조한 '셧다운제'같은 규제가 지속될 조짐이 보인다. 특히, 일부 학부모들과 정치권에서 제기해온 '중독'프레임(중독법 재발의, 질병코드 재지정)도 언제든 재점화 될 수 있다. 이런 상황에서 새정부의 게임정책 방향은, 기존의 수동적 대응을 탈피하여, 과학적이고 학술적인 연구를 강화하여, 체계적이며 논리적 대응이 절실하다.

더욱이, 게임을 '산업'적 측면에서만 강조한 '양적성장'프레임을 극복해야 한다. 10조 원대 이상으로 성장한 게임산업에 대해, 모든 규제(결제상한액, 아케이드규제, 등)를 풀어 매출증대시켜 산

★ 2017년 7월 20일, 국회에서 개최된 '새정부 게임생태계 상생발전을 위한 게임정책 간담회' 자료집 중, 『게임생태계 상생발전을 위한 제언 /김정태 』 중 일부를 재구성하였음.

http://dl.nanet.go.kr/SearchList.do?query=새정부%20게임정책&homepage
SearchYn=Y

업규모성장에 초점을 둔 논리는 한계가 있다. 지속가능한 문화예술 콘텐츠로서의 '게임'에 대한 근본적인 고민이 필요할 때다.

게임생태계 상생복원 위한 선결과제

게임인들 스스로 자존감을 높일 수 있는 게임생태계 내부 자정운동과 자존감 회복이 우선이다. 정치인과 일부 공무원들에게만 기댈 것이 아니라 우리 '게임인' 스스로 게임생태계를 혁신해야 하며, 이를 위한 선결과제를 제시하고자 한다.

면밀한 진단과 대처

게임계의 상생발전을 위해서는 우선적으로 생태계 내의 인적, 제도적, 정책적 현황의 세심한 파악이 필요하다. 정권이 바뀔 때마다, 급조하여 생생내기식 정책의 수립과 근시안적 실행이 반복되면서 게임계의 정책들, 제도(규제)들은 대부분 누더기가 되어 있다. 일부 정책이나 제도들은 이름만 살짝 바뀐 채 둔갑되어 관련 타 부처나 다음 정부에서 중복적으로 운영되는 경우가 허다하다.

이제까지는 게임인들이 납득할 수 없는 인사가 기관장이 되거나, 게임정책을 책임지는 경우가 다반사였다. 그랬기에, 게임계의 중장기발전은 오간데 없고, 정치권의 이해관계와 당리당략에 따라 이리저리 휘둘리면서 게임생태계는 교란되었고, 게임은 정치권과 일부 학부모들의 희생양이 되어왔다. 이렇다 보니 국민의 혈세인 게임정책자금이 엉뚱한 방향으로 흘러간다며 걱정하거나, 깜깜이로 게임정책입안/심사/집행되어 왔다는 우려의 목소리도 크다. 정작 정책자금에 목말라 있는 게임인/게임사들에겐 제한적인 과제들이 많고, 무리한 페이퍼워크와 심사요건 때문에 다수의 '정부 게임지원사업'에 회의적인 분위기가 팽배하다.

새 정부에서는 시간이 다소 걸리더라도, 게임생태계 현황을 '전수조사'한다는 자세로 면밀히 검토해야 한다. 가능하다면, 각종 게임통계의 오류도 바로잡는 계기로 삼았으면 한다. 자칫, 허울 좋고 정량화하기 편한 (부정확한) 통계숫자들만으로 정책을 입안하고 집행하고 평가하기에는 한계가 있다. 그간 게임계는 숨죽인 채 정부 눈치보기에만 급급한 형국이었다. 새정부에서는 우리가 주도하여 게임인들에게 꼭 필요한 정책과 심사와 집행까지의 전 과정이 납득할 수 있었으면 하는 바람이 절실하다.

왕성한 커뮤니케이션

이를 위해서는 게임인들 사이에 왕성한 소통이 필요적이다. 게임계는 다른 산업계와 달리 게임인들 간의 소통이 거의 없는 편이다. 따라서 게임생태계를 구성하는 학계, 산업계, 정·관계, 학생, 게임 플레이어(사용자) 등의 왕성한 의견 수렴과 발전적 토론 등 지속적이고 소통이 가능한 온오프라인 오픈 게임포럼을 제안한다. 이를 통해 게임인들의 의견이 반영된 정책도출이 가능하며, 전반적인 '게임생태계'의 상시 모니터링과 검증까지 확대발전시킬 수 있다.

이 열린 게임포럼에서 게임창작자들의 고충도 함께 나눌 수 있고, 게임플레이어들의 생생한 속이야기도 경청할 수 있을 것이다. 지속가능한 문화예술로서의 게임이 가야할 방향에 대해 고민도 가능하다. 저명한 인문학자와 베스트셀러 작가들은 물론 영화인, 연극인, 만화인, 음악인, 연주자, 연기자, 안무가 등 현장문화예술인들과의 교류를 통한 풍성하고 다채로운 창작소재 발굴과 협업을 도모할 수 있다.

연대기적 아카이빙

게임사적으로 유의미한 작품들의 게임테크(소스코드, 하드웨어)와 게임아트(원화, 그래픽데이터, 디자인문서) 등을 복원하는 연대기적 아카이빙이 절실하다. 우리 게임의 역사적 자취 추적을 통한 아카이빙은, 부모세대에겐 추억을 상기시키고, 학생들에겐 흥미로운 게임리터러시 교육자료로 활용할 수 있다. 자연스럽게 게임의 긍정적인 측면을 수시로 알릴 수 있으며, 점차 게임사박물관과 게임도서관으로 발전시킬 수 있다.

더욱 필요한 것은 게임계의 주요 구성원들의 체계적인 이력 관리다. 게임계 진출을 원하는 학생들을 시작으로 게임계 현업 종사자들, 인디게임창작자들과 게임연구자(석박사, 연구원, 교수)들의 작품 참여 이력과 연구실적 및 참여활동 등을 체계적으로 아카이빙할 필요가 있다(프라이버시 침해 최소화 필수). 이 아카이빙을 잘 활용하면, 게임정책의 중복투자 방지는 물론, 게임생태계의 교란을 줄일 수 있게 될 것이다. 오픈 게임포럼과 연계하면 각계의 게임인들이 어떤 형태로든 참여해 정부산하 게임기관 및 게임정책 담당자 등 인사들의 직접 검증도 가능하고, 건강한 '게임인재풀'을 형성할 수 있다.

게임생태계 중장기 플랜을 위한 제언

위와 같이 게임생태계의 면밀한 분석, 열린 소통, 연대기적 아카이빙을 통해 모여진 게임인들의 목소리를 토대로 중장기 마스터 플랜의 수립이 바람직하다. 그럼에도, 당장 게임생태계에 필요한 시급한 사안 몇 가지는 다음과 같다.

우선, 체계적인 '게임인 상생 교육 프로그램'의 체계적 지원과 고도화가 필요하다. 40세 넘으면 치킨집 차려야 한다는 게임인들의 자조 섞인 한숨이 넘쳐난다. 이는 중장기 게임교육정책의 부재 때문이다. 전인적 '게임인 상생 교육 프로그램'은 청소년과 대학교에서의 기본적인 게임 창작 교육을 시작으로, 게임계 종사자들의 생애주기별 재교육과 다가올 미래대비에 필요한 직무교육은 물론, 나아가 재취업이나 여가활동에 필요한 교육까지 포함해야 한다. 뿐만 아니라, 게임인들의 배우자나 자녀들을 위한 생

활교양강좌와 특별활동 등 전반적인 영역까지 다루어야 한다. 이 프로그램은 게임인들의 게임생태계 구성원으로서의 소속감을 높일 수 있고, 자존감과 직업 만족도를 높여 결국 생태계 상생발전으로 이어질 수 있다.

또한, 중소게임사들을 위한 장기적이고 체계적이며 실질적인 지원이 필요하다. 시류에 편승한 신기술 정부과제는 게임생태계에 독이 될 수 있다. 목적이 불분명한 과제와 과도한 문서작성과 서류 심사체계도 혁신할 필요가 있다. 진정으로 중소게임사들이 지속가능할 수 있는 실질적인 지원과 투자가 가능해야 한다. 이를 위해서는 납득할 수 있는 경험이 풍부한 노하우를 지닌 전문가와 게임전담 정책담당관들의 정책입안과 심사체계가 필요하다. 게임대기업들의 전현직 임원들이 투자와 심사에 적극 참여하는 것도 좋다. 실력있는 중소게임사들이 성장할 수 있는 투명하고 책임있는 지속가능한 게임지원정책만이 우리나라 게임생태계를 복원발전 시킬 수 있다.

덧붙여, 게임 생태계의 미래를 위한 '게임연구자'들과 '씽크탱크'의 체계적 지원이 필요하다. 게임연구자(석사/박사/교수)들의 연구 중단은 생태계내의 큰 손실이다. 게임연구자들이 생태계 발전을 위해 지속적인 연구활동과 게임기업들 간의 산학연계 프로젝트를 수행할 수 있는 여건을 마련해야 한다. 일부 대기업만 손댈 수 있는 인공지능, 빅데이터, 증강가상현실, 게이미피케이션 기술 등 최신기술의 연구 및 중장기 미래 게임기술의 발굴지원이야 말로 정부가 나서야 한다. 게임플레이어들의 성향연구도 중요하고, 콘솔, 아케이드 플랫폼 게임기술의 연구도 장기적 관점에서 지원이 필요하다. 이스포츠 종목의 국산화 연구와 개발도 필요하고, 게임방송 관련 연구도 속도를 내야 한다. 문화예술로서의 게임의 발전과 게임장르의 다변화 연구도 시급하고, 다양한 문화예술 장르들과의 융합관련 장기적 연구가 필요하다. 생색내기 단기처방이 아닌, 중장기적 관점에서 게임생태계 상생발전에 고민하고 연구를 위한 게임씽크탱크 구축 및 지원이 필요하고, 이 또한 게임인들간의 공론이 요구된다.

Gamification